Renato Petrini

Favole

Un cucciolo
di nome Jago'

Mi dirigevo con la mia vecchia e piccola utilitaria verso Messina, percorrendo la statale 113.

Dopo aver superato l'istituto di Neurolesi e subito dopo la vecchia casa cantoniera, alla mia sinistra prima della curva, una croce piantata in mezzo all'erba attirò la mia attenzione.

La curiosità prese il sopravvento, fermai la macchina ed a piedi mi avvicinai sul posto.

Osservai da vicino quella croce di legno e restai meravigliato quando notai che sulla stessa vi era stata attaccata la foto di un cane, evidentemente qualcuno lo aveva sepolto li sotto.

Ero preso da queste osservazioni, quando un rumore alle spalle destò la mia attenzione, era una ragazza che orientativamente poteva aver 15 o 16 anni, la quale teneva in mano un mazzo di fiori.

- *Buongiorno!*

Salutò titubante

- *Signorina buongiorno! Risposi,* riprendendo subito...

- *Mi scusi, ma questo cane che sta sepolto qui sicuramente, era il suo?!*

- *Per me non era un cane qualsiasi era il mio migliore amico, si chiamava Jagò e se io adesso sono qui a parlarne, se riesco ancora a godere della luce del sole e sentire il profumo della vita, lo debbo solo e soltanto a lui.*

Adesso le racconto la sua storia. - Invitandomi a sedere sull'erba

* * * * *

- *Non c'e la faccio più con Jagò, in questa casa, non possiamo più tenerlo, non è igienico per la bambina!!*
La frase della signora Giovanna era categorica, il sig. Rossi suo marito avrebbe suo malgrado dovuto provvedere.

Jagò era un pastore tedesco, un cagnolino di pochi mesi che spesso non rendendosene conto, sporcava facendo i suoi bisogni un pò dappertutto. Un giorno il signor. Rossi non sopportando più le continue lamentele di sua moglie, aveva deciso a cuor scontento di sbarazzarsi dell'animale. Il cielo stava per rabbuiarsi anche se ancora erano le prime ore pomeridiane, ciò era dovuto al tempo che non prometteva niente di buono, infatti il susseguirsi dei lampi cui rispondevano quasi simultaneamente i tuoni evidenziavano che da un momento all'altro sarebbe scoppiato un temporale.

Il sig. Rossi preso tra le braccia quella piccola palla di pelo, che era Jagò, lo deponeva sul sedile anteriore della sua macchina decidendo sul come sbarazzarsene.

Inutilmente aveva cercato di darlo a qualche amico nell'intento di trovargli una sistemazione, ma ogni tentativo era risultato vano, per cui ora a malincuore si accingeva a percorrere con la macchina la strada che lo allontanava dalla città dirigendosi ai monti.

Lo sguardo del cagnolino trapelava tanta tristezza quasi volesse far capire che il suo istinto gli aveva dato una risposta a quanto gli sarebbe accaduto " Essere abbandonato" e così fù.

Quella per Jagò deve essere stata la notte più fredda e lunga della sua vita la bestiola abbandonata stava tremante per il freddo arrotolata su se stessa fin quando allo stremo delle forze si addormentò. I giorni che seguirono diventarono sempre meno duri, in quanto il cucciolo si stava adattando all'ambiente, anche se nei suoi ricordi rivedeva sempre la figura della piccola Maria con la quale giocava quando viveva con la famiglia Rossi.

Dopo alcuni mesi i cucciolo aveva già imparato ad essere un bravo cacciatore.

Passarono gli anni ed il nostro Jagò era diventato un cane adulto vigoroso e possente.

Intanto in casa Rossi nessuno si ricordava di lui, come se non fosse mai esistito, nessun ricordo ne rimpianto per quanto era accaduto anni prima.

Era di domenica il giorno in cui il sig. Rossi con la famiglia si dirigeva in gita con la macchina su per i monti imbiancati di neve.

In una curva, a causa del ghiaccio, la macchina cominciò a slittare paurosamente tanto da perdere il controllo uscendo dalla carreggiata per andarsi a schiantare lungo il pendio contro un albero. L'impatto fu violentissimo tanto da far perdere i sensi ai due coniugi, e scagliando fuori dallo sportello che nell'urto si era aperto la piccola Maria, la quale cominciò a rotolare giù sulla neve fino alla fine del pendio.

Adesso la bimba; anche se incolume, piangeva terrorizzata ed infreddolita. Erano passate alcune ore ed il giorno stava per finire,il pianto della bimba aveva richiamato un lupo affamato, ma nello stesso tempo anche Jagò era accorso; adesso i due animali stavano uno di fronte all'altro pronti a contendersi la preda.

Jagò aveva incrociato lo sguardo della piccola e guardando i suoi occhi pieni di lacrime per la paura riuscì a scavare nei suoi ricordi di cucciolo, non aveva alcun dubbio era Maria la sua piccola amichetta di giuochi.

La lotta che scaturì tra i due animali fu furibonda ma alla fine se pur ferito mortalmente Jagò ebbe la meglio.

Adesso il lupo non era più una minaccia in quanto giaceva esanime ai suoi piedi.

Jagò raccogliendo le forze che pian piano lo stavano abbandonando si avvicinò alla bimba e vi si adagiò sopra scaldandola con il suo corpo.

Erano passate parecchie ore quando i soccorsi attivati dai signori Rossi riuscirono a trovare Maria.

La scena che adesso si presentava ai soccorritori non dava adito ad alcun dubbio, il cane aveva sacrificato la propria vita per salvare la bimba ed adesso giaceva esamine sopra la stessa nell'ultimo tentativo di salvarla con il calore del proprio corpo da un sicuro congelamento.

- *Ma.......ma questo è Jagò!!*

Il signor Rossi ne aveva riconosciuto la macchia bianca che a forma di stella posta sulla testa caratterizzava il cane sin da cucciolo. Avrebbe potuto continuare a vivere scorazzando e cacciando tra i boschi, invece aveva sacrificato la sua vita per un grande affetto e tanto amore custodito gelosamente nei suoi ricordi, non poteva abbandonare quella piccola Maria con la quale aveva condiviso i suoi giorni più belli da cucciolo.

Dopo quel giorno la signora Giovanna e il signor Rossi convivendo con il rimorso subirono una metamorfosi ed oggi dedicano la loro vita accogliendo e dando rifugio a tutti i cani randagi.

Il piccolo Jagò aveva impartito ai due una grande lezione dalla quale avevano dedotto che il risentimento e l'odio sono due sentimenti che albergano nel cuore degli uomini ma non trovano posto nel piccolo ma grande cuore di un cucciolo di cane.

Il giaccone

Una volta Luciano era un uomo felice, aveva una casa è un lavoro, ma le sue disgrazie cominciarono nel momento in cui decise di prendere moglie. La donna che aveva sposato era ambiziosa e vanitosa, non badava a nulla né disdegnava i compromessi con altri uomini pur di poter avere un tornaconto con il quale realizzare i suoi progetti di ambizione e vanità. Dopo pochi mesi il matrimonio inevitabilmente naufragò, e ciò avvenne nel momento in cui la moglie aveva prosciugato tutte le risorse economiche di Luciano, Ormai il poveraccio aveva perso ogni cosa di quanto veniva richiesto dalle istituzioni ipocrite della società, la gente, gli amici lo deridevano facendo riferimento alla immolarità della moglie, per cui costretto dalla vergogna e dalla miseria non gli restò altro da fare che abbandonare il paesetto che gli aveva dato i natali e che lo aveva visto crescere.

Adesso trasferitosi in un'altra città, il poveruomo si

adattava ai lavori più umili quando gli si presentava l'occasione che qualcuno lo chiamasse, ma se non trovava nessun servizio da fare, si adattava a chiedere l'elemosina, pur di poter in qualche modo raccimolare i soldi per un pò di pane o una zuppa calda.

Quella fredda giornata di Dicembre era stata poco proficua per il povero mendicante e quella sera si trovavano 90 centesimi appena nelle sue tasche.

- *Cosa potrò mai comprare con 90 centesimi!*

Si chiedeva sperando di trovare una soluzione.

- *Tra poco farà notte, forse e meglio se incomincio a far strada per dirigermi al "Centro di accoglienza", non vorrei rischiare di superare l'orario per ritrovarmi poi dietro la porta e magari passare la notte* all'agghiaccio.

In preda a questi pensieri si dirigeva velocemente lungo il viale diretto alla "Casa di Accoglienza" per i poveri.

Fuori cominciava a piovigginare ed il povero Luciano con un maglione infeltrito e quasi lacero sentiva il freddo attanagliargli le ossa. Vedendo il via vai della gente che era ben protetta dai lunghi giacconi e dalle pellicce, non poteva tra se e se fare a meno di esprimere un desiderio.

- Come vorrei tanto in questo momento un giaccone che mi protegga dal freddo!

Intanto il tempo non prometteva nulla di buono, il ritmo della pioggia era notevolmente aumentato tanto da costringerlo a trovar riparo davanti all'ingresso di un negozio.

Incuriosito dall'afflusso di persone che entravano e uscivano dallo stesso, alzò gli occhi per leggere l'insegna che lo identificava, "Mercatino dell'usato" questo stava scritto sul grosso tabellone sovrastante l'ingresso.

Constatando che fuori pioveva ancora a dirotto per cui sarebbe stato impossibile allo stato attuale, uscire per riprendere il camino ed un pò per la curiosità s'inoltrò nello stesso.

Il "Mercatino" era un enorme locale dove si poteva trovare un pò di tutto ed essendo ogni prodotto esposto merce gia usata, aveva dei prezzi molto accessibili.

Che i prezzi fossero contenuti era una realtà, ma malgrado ciò non erano certamente alla portata del poveretto che teneva nella tasca soltanto 90 centesimi.

L'attenzione di Luciano veniva polarizzata sopratutto nel reparto abbigliamento ed in particolar modo era attratto dai cappotti e giacconi che ne facevano mostra.

Era preso ad ammirare un giaccone a quadri in lana, tra se e se... ...

- *Con questo non prenderei sicuramente freddo!!*

Quando alle sue spalle, una commessa che aveva notato il suo interesse, gli si avvicinò proferendo:

- *Le piace?! guardi che è un giaccone della "Pedrini"*

Facendo riferimento all'etichetta e proseguendo.

- *Con questo addosso che è di pura lana potrà perfino andare sulla neve e poi ... ...*

Mostrando lo scontrino del prezzo.

- *Non costa neanche tanto, soltanto 9 euro.*

- La replica di Luciano con voce alquanto dimessa.

- *Magari potessi comprarlo! la ringrazio tanto signorina, ma purtroppo non me lo posso permettere!*

Cristina, questo era il nome della commessa una ragazza bionda con uno sguardo dolcissimo restò turbata ed impressionata dalla risposta.

- *Quanto dovrebbe costare per poterselo permettere? la pregò di non crearsi problemi .... faccia il prezzo.*

- *Signorina! sono io a pregarla di non insistere mi sento ridicolo nel dirle che ho appena 90 centesimi e .... forse... forse raccimolando qualcosa nei giorni a venire potrei arrivarci, adesso no! spero tanto di poter ritornare poi .... la ringrazio... ...*

Detto questo stava per andarsene quando... ....

- Aspetti!! non vada via .....!

Come se interessata al prezzo la ragazza, riprende a controllare l'etichetta.

- Ma si! guardando bene la data di entrata di questo capo, debbo dedurre che c'è un errore.

Manipolando sul computer e facendo finta di ricontrollare il prezzo....

- E! proprio così?! c'è stato un errore... e sembra incredibile... .ma costa proprio 90 centesimi.

- Adesso glielo incarto è suo!!

Luciano è troppo felice ed intento nella conta dei 90 centesimi per accorgersi che la ragazza furtivamente ha fatto scivolare nella tasca del giaccone 10 euro.

Quando si appresta ad uscire fuori nota che ha già smesso di piovere.

Senza pensarci due volte scarta il giaccone e lo indossa.

- Sono rimasto senza un centesimo, ma quantomeno adesso con questo giaccone addosso sto veramente caldo!!

Lo separano ancora un centinaio di metri dalla "Casa di Accoglienza" quando un mendicante gli va incontro.

- Signore! la prego e da ieri che non tocco cibo, le sarei grado se potrà aiutarmi

Luciano senza soffermarsi e stringendosi sulle spalle, istintivamente mette le mani nelle tasche del giaccone come a voler valorizzare con tale gesto che purtroppo non avendo soldi non può aiutarlo, quando sente un biglietto nella tasca destra. Con grande sorpresa nota che è un biglietto da 10 euro e prontamente tornando sui propri passi.

- Amico mio! aspetta! credimi non sapevo di possedere 10 euro, vuol dire che mangeremo qualcosa insieme giù alla trattoria, sono anch'io digiuno.

I due cenarono insieme seduti in un tavolo dalla modesta trattoria. Dopo essersi rinfociliato Luciano sta per alzarsi ed andare via quando il mendicante lo trattiene garbatamente per un braccio, aggiungendo...

...

- *Spero tu possa sentirti sempre felice così come lo sei adesso!!*

Tutto dipenderà dalle tue future azioni, tu hai speso tutti i soldi che questa sera avevi per rinfocillare un povero vecchio.

Questa sera hai acquistato un giaccone ?!

Prontamente la reazione di Luciano.

- *E tu come fai a saperlo ?*

Un sorriso si delinea sul volto del vecchio che riprende a parlare.

- *Lo so! anche perché il giaccone che hai acquistato un tempo era il mio!!*

- *Il tuo?? mi stai prendendo in giro??*

- *Non lo farei mai! quello che adesso tu possiedi non*

è un giaccone qualunque è magico, infatti esso ti darà ricchezza, non dovrai più vivere di stenti, ma ricordati che la felicità non può garantirtela, a quella dovrai pensarci tu!

- Queste furono le ultime parole del mendicante prima che lo stesso si accomiatasse da Luciano.

Quella notte le parole del vecchio risuonarono continuamente nella mente di Luciano.

- *Cosa avrà mai voluto dire?! ma si! forse era soltanto un povero pazzo!*

Ma poi come faceva a sapere del giaccone?!

Il giorno dopo tutti gli interrogativi di Luciano svanirono nell'attimo in cui nella tasca del giaccone trovò un biglietto con sei numeri e una frase scritta "giocali e della vincita cerca di farne buon uso".

E' facile immaginare quello che avvenne nei giorni a seguire, Luciano vincendo divenne ricchissimo riuscendo ad esaudire ogni suo desiderio. Malgrado avesse tutto a disposizione: macchine, ville, belle donne non riusciva ad essere felice, i suoi soldi si erano addirittura triplicati per una serie di investimenti riusciti.

Tutta la nazione adesso provava invidia per lui, per qualcuno che tutto sommato era un infelice.

Una notte Luciano fece un sogno particolare gli apparve il vecchio cui un anno prima aveva offerto la cena e nel sogno così disse:

- *Caro Luciano adesso è giunto il momento che tu riporti al "Mercatino dell'usato" il giaccone che un anno fa avevi acquistato, potrà essere utile a qualcun'altro tanto ormai tu sei ricchissimo e non ne hai più bisogno. So che anche se sei ricco sei infelice, ma se tu ti fossi ricordato quanto ti avevo detto allora, forse adesso saresti un uomo felice.*

Adesso ti prego di ricordarti che domani di buon mattino devi riportare il giaccone là dove lo hai acquistato!

Non aggiunse altro il vecchio mendicante ma tanto

bastò a far sì che il giorno dopo Luciano si trovasse a riconsegnare il giaccone al "Mercatino".

La signorina Cristina lo riconobbe subito malgrado fosse già trascorso tanto tempo e adesso vestisse con una eleganza che non era possibile potesse passare inosservata.

- *Buongiorno! quanto tempo è passato dall'ultima volta che l'ho vista!*

Vedo che ha avuto fortuna veste elegantemente!

- *Si! è vero adesso sono ricchissimo, le ho riportato il giaccone così potrà rimetterlo in vendita*

Aggiungendo...

- *Sa che quella sera nella tasca dello stesso ho trovato una banconota da 10 euro e mi creda è stata una sorpresa che mi ha reso felice è stata una sensazione che da allora non ho più provato, quella è stata la sera dove per l'ultima volta ho conosciuto la vera felicità.*

- *So che sembrerà strano e magari si chiederà come*

mai una persona ricca come me possa essere infelice,
ma purtroppo è così.

Cristina prese il giaccone sullo stesso attaccò l'etichetta del prezzo di vendita quantificandola in 90 centesimi poi guardandolo negli occhi ...

- *Spero che questo giaccone possa portare tanta fortuna a qualcuno che ne abbia bisogno....*

- *Questo è un giaccone che a me ha dato tanta felicità, sopratutto quando ho potuto far scivolare nella tasca dello stesso i 10 euro che poi quella sera le sono stati utili.*

Quella frase involontariamente riuscì a far luce nella mente di Luciano, adesso aveva capito, le parole del vecchio mendicante......

"La felicità dipendente dalle tue future azioni".

Le parole di Cristina davano una spiegazione inequivocabile.

Dal periodo in cui era diventato ricchissimo aveva pensato ad accumulare e a triplicare i suoi aver, non pensando ad altro.

Cristina adesso gli aveva fornito, forse senza rendersene conto, la chiave che gli aveva fatto capire che "la felicità si ha non per ciò che ciascuno ha ma soprattutto per ciò che ciascuno dà".

Sirio e Serena

Tanto tempo fa, viveva felicemente in un castello un re, una regina ed un principino.

Il suo nome era Sirio e gli era stato dato da una voglia a forma di stella che aveva in evidenza sul braccio destro.

Aveva ancora pochi mesi il principe Sirio quando la mamma chiamata in cielo, dovette abbandonare per sempre lui e il suo papà.

Per dovere di popolo il re rimasto solo fu costretto a prendere moglie poiché queste erano le usanze della sua gente.

La donna che sposò, apparentemente una dolce è bella fanciulla, nella realtà era una strega cattiva e arrivista.

Dopo un anno di matrimonio anche la perfida Serpea ormai diventata regina ebbe un figlio a cui diede nome Urico.

I mesi passavano e i due principini crescevano e

giocavano insieme in perfetta armonia poiché poco più di un anno di età li differenziavano.

Sirio il primogenito una volta adulto sarebbe succeduto al padre, diventando re e certamente tutto questo non rientrava nei programmi di Serpea che voleva suo figlio al trono.

Un giorno con il pretesto di andare a raccogliere fragole e mirtilli, uscì di buon'ora dal castello mentre ancora il re dormiva; portando con sé i due bambini.

Dopo aver attraversato il bosco giunsero a un dirupo che delimitava i confini del regno e che si andava perdendo a vista d'occhio giù per la vallata. Alla perfida Serpea venne un'idea su come liberarsi di Sirio, facendo sì che la causa era da addebitare ad una disgrazia.

– *Facciamo un gioco?*

La risposta di qualsiasi bimbo del mondo ad una proposta del genere non può essere che una.

– *Sì! Sì!*

– Ebbene! ascoltate! faremo così. –

– Sorridendo perfidamente Serpea.

– Io mi porrò sul ciglio del burrone, mentre ognuno di voi, uno dopo l'altro correndo spiccherà chiudendo gli occhi un salto tra le mie braccia. Vincerà chi avrà saltato più in alto, e questo sarò io a deciderlo!! Comincerai tu Sirio! –

Il bimbo a circa dieci metri dalla regina si prepara a correre per spiccare chiudendo gli occhi un salto tra le braccia della cattiva matrigna.

– E allora?! Sei pronto? –

– Sì! –

– Vai! –

Nel momento in cui avrebbe dovuto prendere il principino tra le braccia, la cattiva Serpea si spostò facendo cadere lo stesso giù nel burrone.

La fortuna non abbandonò il piccolo che durante il salto nel vuoto ebbe il primo impatto con un grosso cespuglio di morbida erba che in qualche modo attutì la caduta, per poi andarsi a fermare su una grossa roccia che sembrava conficcata nel ripido pendio.

– Aiuto! aiuto! –

cominciò a gridare il piccolo.

Il grido di supplica; giunse fino a Serpea che ...

– Il piccolo maledetto è fortunato! non si è sfracellato nel burrone secondo i miei piani, si è fermato su quella roccia, ma lì resterà per l'eternità proprio lì dove crede di aver trovato rifugio. –

Adoperando le arti magiche che ogni strega conosce bene, in pochi attimi le urla disperate del bimbo non si udirono più poiché il nostro Sirio era stato inghiottito per sempre dal macigno.

Quella scena piena di cattiveria non passò inosservata, poiché lungo il pendio del burrone si erano fermate a riposare stanche del volo le "Colombe bianche della buona fata Aurora" che al sorgere del sole del giorno successivo avevano l'incarico di fare rapporto alla fata degli avvenimenti accaduti il giorno prima.

Il mattino seguente la fata Aurora, una meravigliosa e buona creatura che splendeva dei colori dell'iride, restò commossa e turbata nel sentire il racconto delle sue bianche colombe e dopo aver pensato a una soluzione, giunse a una conclusione:

– *Non posso purtroppo annullare del tutto l'incantesimo della perfida Serpea, però posso modificarlo con un altro!!* –

Prese la bacchetta magica.

– *Non resterai per sempre imprigionato!!* –

Ma le lacrime calde di "Gioia, Dolore e Amore " di una principessa bagneranno la roccia un dì, sciogliendo l'arcano destino cui sei legato, soltanto allora sarai liberato!!. –

Questo fu fatto, poiché tanto era nelle possibilità della fata Aurora.

Intanto la regina Serpea, si finse addolorata per la scomparsa del principe Sirio, che a suo dire, sfuggendogli dalle mani era precipitato giù nel burrone.

Le ricerche che il re aveva avviato risultarono vane, del principe purtroppo non restava nessuna traccia.

Passarono gli anni, ormai nessuna speranza poteva far pensare al ritorno del principe, tutti lo consideravano morto, per cui quando il re ormai vecchio dovette passare la corona al suo successore, la sola alternativa fu quella di nominare suo erede il principe Urico suo secondogenito avuto dalla perfida Serpea.

Quel giorno in cui Urico divenne re fu una giornata terribile, si aveva l'impressione che il cielo volesse ribellarsi a tanta ingiustizia, lampi, tuoni e pioggia imperversarono in tutto il regno.

Nei giorni a seguire continuò a piovere, creandosi allagamenti dappertutto, e come se la natura comportandosi in tal modo avesse un disegno preciso da compiere.

Infatti per la troppa pioggia il terreno, dove era

conficcata l'enorme roccia che teneva imprigionato il principe, cominciò a cedere tanto da far sì che la stessa libera da ogni appiglio cominciò a rotolare giù lungo il burrone.

La corsa del macigno lungo i pendii scoscesi del burrone durò per parecchie miglia fino a fermarsi giù nella valle, in quello che una volta era il vicino regno di Re Sole, a pochi metri dal castello.

Gli avvenimenti non andavano certo meglio in questo regno dove una volta quando ancora viveva Re Sole, si notava ovunque felicità ed abbondanza. Purtroppo Re Sole durante la sua esistenza rimase vedovo, con una piccola di nome Serena da portare avanti.

I giorni e i mesi a venire passarono felici e sereni per il Re e la sua figliola, ma quando il Re si ammalò gravemente e si rese conto che avrebbe vissuto ancora per poco, pur di non lasciare sola Serena ancora piccola decise di passare a seconde nozze sposando una sua cugina vedova e già madre di tre figlie.

Con questa sua decisione Re Sole pensò di aver tutelato l'avvenire della sua figliola dandogli una guida per il futuro, non potendo mai immaginare che con tale soluzione la sua adorata Serena avrebbe vissuto un futuro pieno di umiliazioni e frustrazioni.

Infatti quando dopo pochi mesi il Re morì, la matrigna di Serena divenne regina e da quel momento si preoccupò solo di assicurare un futuro alle sue figlie, ignorando del tutto Serena, impiegando la stessa ai servizi più umili, relegandola addirittura al ruolo di serva.

Passarono mesi dal giorno in cui il temporale che aveva imperversato in tutta la regione fece sì che quel grosso macigno rotolasse giù dal pendio per andare a fermare la sua corsa proprio di fronte al castello della perfida matrigna di Serena.

Un giorno la regina riunì le tre figlie nella sala del trono mentre la povera Serena nella stessa sala si adoprava a far pulizie e così parlò loro ...

– *È giunto il momento che io assegni ad ognuna di voi la dote che le spetta di diritto!-*

Mentre era intenta a stabilire le assegnazioni di dote per ognuna, spontaneamente Serena pronunciò una frase ...

– *E a me madre cosa mi spetta?* –

Una risata carica di disprezzo e di cattiveria seguì a quella richiesta, poi ...

– *Intanto non sono tua madre!! tu non hai ancora capito che sono la regina e tu una sporca e stupida serva!!* –

Poi come avesse avuto un ripensamento ...

– *Ma sì! tutto sommato non si dica mai che non sono generosa, anche tu è giusto che abbia una dote e quindi ho deciso di assegnarti in dote ... il macigno che rotolando per la valle si è andato a fermare di fronte al castello, quello è tuo ti appartiene! quella è la tua dote!!* –

A quelle parole le risate delle sorellastre

echeggiarono per tutto il salone.

Tanta malvagità non poteva non turbare l'animo della ragazza che non riuscì ha frenare le lacrime.

La matrigna regina si irritò ancora di più aggiungendo

...

– *Piccola è stupida serva, adesso hai avuto la tua dote! e da ora in poi ti ordino di andare a versare le tue lacrime in ciò che ti appartiene, lontano da questo castello, che non voglia venga contaminato dalle tue lacrime e dai tuoi stupidi gemiti! Questo è il mio volere!!* –

E da quel giorno ogni qualvolta la nostra Serena voleva restare sola con i suoi dispiaceri e con i suoi sogni, si isolava andandosi a rifugiare sul macigno che le era stato donato.

Lì la poverina si sentiva al sicuro, come se proprio lì seduta su quella roccia che le apparteneva, come per incanto riusciva a ritrovare tanta forza e serenità che le permettevano di affrontare la dura esistenza cui giornalmente era sottoposta.

Nel regno vicino la perfida strega Serpea aveva ottenuto il suo scopo, riuscendo a far sì con la scomparsa del principe Sirio che la corona del vecchio re andasse a suo figlio Urico ma tutto questo non aveva ancora appagato le proprie ambizioni.

Venne a sapere tramite le proprie spie che nel regno confinante, regno che una volta era del Re Sole, si era insediata con l'inganno la seconda moglie dello stesso e che il comportamento della nuova regina era malvisto dal popolo che governava, il quale non poteva accettare che la stessa relegasse al ruolo di serva Serena la figlia del defunto re deufradando i privilegi di quest'ultima a favore delle proprie figlie.

Serpea, sfruttando il malcontento del popolo che veniva oppresso e costretto ad accettare con la prepotente forza delle armi tale ingiustizia riuscì a convincere il figlio Urico in virtù di una giusta causa a dichiarare guerra, a quello che una volta era il regno di Re Sole.

Le mire di Serpea apparentemente nobili in effetti non avevano altro scopo, se non quello di espandere il proprio regno soddisfacendo ancora una volta le sue incontrollabili ambizioni.

In pochi mesi Re Urico ebbe il sopravvento ed occupato il nuovo regno, mandò in esilio la regina usurpatrice con le tre figlie riconfermando Serena al ruolo di principessa e futura regina.

Nei primi giorni di occupazione il popolo del Re Sole riservò ai soldati di Re Urico onori e festeggiamenti considerandoli dei liberatori, ma nei giorni a venire il comportamento di Serpea cattiva e priva di scrupoli fece ricredere tutti.

Adesso le intenzioni di Serpea erano diventate di dominio pubblico, tutti avevano capito a cosa mirava: Dare Serena in moglie a suo figlio Urico e poter in tal modo, ufficializzando il matrimonio, proclamare lo stesso figlio re dei territori occupati.

Serena se pur non rifiutando l'amicizia e la gratidudine che sentiva per Urico per averla liberata dalla schiavitù cui l'aveva costretta la matrigna, non si sentiva ancora pronta al matrimonio, soprattutto perché non era innamorata del giovane re, e alla insistenza di Serpea per accelerare i preparativi alle nozze, cercava con ogni mezzo di temporeggiare.

Spesso la principessa si assentava per andarsi a rifugiare sulla roccia donatole a suo tempo dalla matrigna ed in essa trovava serenità e conforto alle sue incertezze.

Insospettita dalle metodiche assenze della principessa un giorno Serpea si adoperò per seguirla e quando si accorse che la ragazza trovava rifugio stando seduta con i propri pensieri su quel macigno si adirò, soprattutto quando riconobbe che quello non era altro che la roccia dove anni prima aveva con un maleficio imprigionato il principe Sirio.

Ma la sua ira e la sua collera non ebbero limiti

quando riuscì a scoprire dalle infernali creature cui era in contatto, che il principe non era imprigionato per sempre in quella roccia, ma che grazie alle colombe della fata Aurora il suo malefico sortilegio era stato modificato.

Per vendicarsi diede ordine allora ai suoi arcieri di abbattere tutte le colombe che vivevano nel reame.

Nei giorni che seguirono le povere bestiole dovunque si trovassero venivano trafitte dalle frecce e una delle tante, ferita a morte andò a cadere sul grembo di Serena mentre stava seduta sulla sua roccia.

L'assistere a tanta malvagità contro quei poveri volatili indifesi provocò nella principessa tanto dolore che inevitabilmente sfociò in un pianto le cui lacrime bagnarono la roccia su cui stava seduta.

Presa tra le mani la bestiola ancora viva si adoperò nei giorni che seguirono a curarla con tanta tenerezza e amore.

Trascorse tanto tempo, poi finalmente le ferite della

colomba si rimarginarono.

Serena era riuscita a salvarla grazie alle sue amorevoli cure, la bestiola adesso aveva ripreso le sue forze.

Quel giorno la principessa dopo aver accarezzato la colomba per l'ultima volta, salì sulla sua roccia e da lì la lanciò in aria, dopo una piccola esitazione che diede l'impressione stesse per cadere, l'uccello riprese quota compiendo un paio di giravolte intorno a Serena in segno di ringraziamento e gratitudine per quanto la ragazza aveva fatto.

Tanta fu la gioia di Serena nel vedere che era riuscita a salvare quel piccolo essere che le lacrime scesero dai suoi occhi fino a bagnare la roccia su cui la ragazza si trovava.

La bestiola non era una colomba come le altre, essa apparteneva al gruppo delle colombe della Fata Aurora, infatti dopo aver volato lungo tutta la valle, risalì su per la collina fino a raggiungere il gruppo delle altre colombe, che nel rivederla provarono tanta felicità.

– *Dove ti eri cacciata?! ti abbiamo visto sfiorare da una freccia che sicuramente ti avrà colpito, dal momento che abbiamo con tristezza assistito alla tua caduta dal cielo!!* –

– *Care amiche, è una lunga storia ma io ve la racconterò in ogni particolare!!*

– Detto fatto le colombe si misero in cerchio e ascoltarono la storia della disavventura che era capitata alla compagna. E questi furono i commenti e la conclusione cui il gruppo giunse.

– *Ma è stata una ragazza meravigliosa!* –

– *Tanta sensibilità deve essere premiata!!* –

– *È giusto che anche noi facciamo qualcosa per lei, bisogna ricambiare la sua generosità è bontà.* –

– *Amiche! mi è venuta un'idea!* –

Poi la colomba più anziana del gruppo prese la parola, invitando le altre ad ascoltare.

– *Dal momento che alla ragazza è stato donato dalla perfida matrigna il macigno, dove noi sappiamo sta imprigionato il principe Sirio, perché non facciamo di tutto per mettere in contatto tra loro i due giovani? chissà che non possa nascere l'amore tra i due?!* –

– *Sì!! l'idea è ottima ma come possiamo fare, sappiamo tutte che il giovane si trova lì imprigionato per un sortilegio!! e nulla potrà liberarlo tranne lacrime di gioia, dolore e amore!* –

– *È vero, è imprigionato fisicamente, ma sicuramente nessuna forza può tenere legati i sogni e le speranze!*

– *Potremmo far sì che i due possono conoscersi ed incontrarsi in sogno!*

– *La cosa credo sia fattibile!* –

Riprese a parlare la colomba più anziana, concludendo ...

– *Ci rivolgeremo al "Signore dei sogni"!!* –

Il Signore dei sogni per chi ancora non lo conosce, è un signore che veste di stracci e di sete pregiate, nessuno ha mai visto il suo viso, anche perché non è visibile e sarebbe impossibile renderlo tale dal momento che ha mille sfaccettature in ognuna delle quali è rappresentato lo stato d'animo degli esseri umani infatti esso si manifesta nel sogno di ognuno in maniera diversa.

Il Signore dei sogni appare la notte in tutta la sua molteplicità di forme per poi svanire di buon mattino quando la luna tramonta, pochi minuti prima che le colombe della Fata Aurora incontrano la stessa.

Quella mattina le colombe tutte insieme lo aspettarono ansiose, poi quando videro una figura muoversi lasciando alle proprie spalle il buio della notte ... gli andarono incontro ...

– *Signore dei Sogni! noi siamo le colombe della Fata Aurora, prima di andare via ti preghiamo di ascoltare la nostra supplica!! –*

Tutte insieme, alternandosi nel racconto che aveva come protagonista Serena, conclusero ...

– Tu solo puoi far sì che Sirio e Serena liberi in sogno possano incontrarsi e magari innamorarsi l'uno dell'altra. –

Il Signore dei Sogni ascoltò con interesse, per poi nel momento in cui stava per albeggiare un po' prima di sparire dissolvendosi, con una breve e rassicurante frase rispose ...

– Mi avete convinto!! sarà fatto! –

Queste furono le ultime parole prima che i colori dell'iride si materializzassero in tutto il paesaggio.

In sogno avvenne il primo incontro tra i due giovani, proprio nella grande roccia che apparteneva a Serena proprio in quella roccia che teneva imprigionato il principe Sirio.

Nelle notti successive si incontrarono sempre nello stesso posto. La promessa del "Signore dei Sogni" era stata mantenuta, finalmente i due giovani conoscendosi ebbero modo di innamorarsi l'un dall'altra. Durante il giorno la principessa Serena era felice sorrideva a tutti ed era disponibile per tutti, persino con Serpea che nulla faceva per rendersi simpatica.

Proprio questa disponibilità e allegria di Serena creò nella strega dei sospetti che portarono la stessa ad indagare.

Serpea, dopo aver interrogato gli spiriti maligni ed essere venuta a conoscenza che i due con la complicità del " Signore dei Sogni" si incontravano ogni notte in sogno, ebbe una reazione terribile.

Preparò una mistura di intrugli ed erbe malefiche che con un inganno fece bere a Serena, per cui la principessa da quel giorno non riuscì più ad addormentarsi, l'incantesimo sarebbe svanito soltanto dopo che Serena si sarebbe sposata.

Il tempo che seguì fu per Serena terribile, la ragazza non riuscendo più a riposare andava dimagrendo sempre più, ma la pena che più l'affliggeva era quella di non poter più incontrare il suo principe.

Tutti i medici di corte non riuscivano a darsi una spiegazione a quanto stava accadendo alla principessa, Serpea con ipocrisia fingendosi preoccupata avvicinò Serena e cominciò a parlarle:

– *Piccola! non devi avvilirti credo di poterti aiutare, poiché ero molto preoccupata per te, ho interpellato i vecchi saggi del mio reame e gli stessi hanno trovato la soluzione al tuo problema.*

– *Ti prego Serpea, dimmi!! cosa posso fare per poter ritrovare il sonno e con esso i miei sogni?! –*

– *Ascolta! il tuo dramma scaturisce dalla malefica presenza della roccia dove tu spesso vai ad isolarti ed inoltre soltanto sposandoti potrai ritrovare il sonno che a causa di quel masso malefico hai perduto, questo mi e stato rivelato e consigliato dai miei saggi di corte.*

Serena tenta una reazione a quanto le viene detto ...

– *Ma sei sicura?! mi sembra impossibile, soltanto*

quando mi ritrovo sola con me stessa seduta sulla mia roccia riesco a trovare un po' di serenità –

Serpea a quella debole reazione non ammette altra replica e conclude ...

– *Non insistere! da questo momento sarò io a prendermi cura di te!! domani darò ordine ai miei uomini di scavare un enorme fosso alla base del masso dove farò rotolare lo stesso, seppellendolo per sempre alla vista di tutti, ma soprattutto allontanandolo da te, poiché è esso la causa di questo tuo malessere. Dopo un attimo di pausa ...*

– *Vedrai che quando tutto sarà finito, potrai sposare mio figlio Urico e soltanto dopo potrai ritrovare il tuo sonno e i tuoi sogni.*

Dopo alcuni giorni di lavoro intenso gli operai per ordine di Serpea scavarono un fosso enorme le cui dimensioni 10 metri x 10 x 10 di profondità erano sufficientemente calcolati per poter contenere seppellendo per sempre l'enorme macigno.

Il giorno dopo si sarebbe dovuto far rotolare la roccia nella fossa scavata e quindi ricoprirla di terra per poi subito dopo procedere alle nozze tra Urico e Serena.

Quella sera stessa la principessa Serena chiede ed ottiene di poter parlare con Urico.

– Dimmi Serena in cosa posso esserti utile?! –

Queste furono le prime parole che proferì Re Urico andandole incontro.

– Vedi Re Urico ho un grosso problema da risolvere –

– Dimmi! Qualunque tuo problema è anche mio!! –

– Io ti stimo e come tu sai ti sono amica ma purtroppo per te sento soltanto questo sentimento che è l'amicizia! Non sento amore, come potrei ubbidire agli ordini di tua madre che domani stesso ci vuole sposati?! E poi ... debbo confessarti caro Urico che io sono già innamorata di un altro uomo di nome Sirio.

Per nulla adirato la risposta di Urico è dolce e nello

stesso tempo rivela tanta tristezza e rassegnazione.

– *Sirio!? Hai detto? ... avevo un fratello che si chiamava così ma una disgrazia me lo ha portato via per sempre ... ricordare non serve a nulla! Piuttosto non credere di essere la sola ad avere problemi ... anche io debbo confessarti che sono amareggiato quanto te ...–*

– *Spiegati meglio Urico!! –*

– *Cara amica mia ... io sono già innamorato di una ragazza, pur stimando te e non negando che sei bellissima è lei che amo e che vorrei sposare, ma ribellarsi al volere di mia madre è impossibile, ogni suo desiderio è un ordine, niente riesce a fermare le sue ambizioni e la sua sete di potere. In un modo o nell'altro riesce sempre ad ottenere ciò che vuole. –*

– *Ma tu sei il re!! Parlane tu a Serpea, è tua madre e ti darà sicuramente ascolto. –*

– *Sarebbe inutile, per vendicarsi potrebbe accanirsi nei tuoi confronti e magari farti del male ed io tutto questo non lo voglio per niente, poiché anche se sono innamorato di un'altra, per te nutro un sentimento altrettanto forte che è l'amicizia.*

– *E allora! dobbiamo subire a rassegnarci?? –*

Stringendosi sulle spalle

– *Credo proprio di sì! soltanto un miracolo potrebbe aiutarci –*

Queste furono le ultime parole di Urico, prima che lo stesso con aria dimessa pronunciò, prima di accomiatarsi per la notte, lasciando Serena delusa e triste.

Il mattino seguente non tardò a venire, più di duecento uomini agli ordini di Serpea erano pronti ad imbragare con una decina di grosse funi il macigno determinati a rotolarlo dentro il fosso predisposto ad accoglierlo.

Serpea stava in piedi nella parte opposta al masso ai margini dell'enorme fossato, pronta a ordinare l'inizio delle operazioni.

Serena alquanto rassegnata si avvicina a Serpea ed implorandola ...

– *Dal momento che tu sei convinta che questo è il solo rimedio al mio malessere ti prego lascia almeno che io per l'ultima volta possa salire sul macigno dove tante volte ho trovato conforto e rifugio.*

Pochi minuti mi siano concessi prima che tu provveda a farlo sparire per sempre sotterra. –

Un attimo di riflessione, poi la strega prese a parlare.

– *Va bene! sarai accontentata! non essere triste, vedrai che una volta sotterrato il macigno, dopo aver sposato mio figlio, ogni tuo malessere sparirà per sempre. –*

Tutti gli intervenuti all'avvenimento, ed erano parecchi infatti nel frattempo buona parte dei sudditi incuriositi si erano radunati nei dintorni, stavano in un silenzio quasi religioso mentre la principessa si avviava verso la sua roccia. Serena seduta, adesso rincorreva i suoi dolci ricordi che in sogno ogni notte materializzavano i suoi incontri con Sirio proprio lì su quel macigno.

Commossa al pensiero che proprio in quel posto era nato il suo primo incontro con il suo principe non riuscì a trattenere il suo pianto. Quando le sue prime calde lacrime d'amore bagnarono la roccia un boato rimbombò tutt'intorno.

Il masso si spaccò dividendosi in due enormi blocchi dai quali fuoriuscì la giovane e possente figura di Sirio, la terra cominciò a tremare con inaudita forza tanto da far sì che Serpea posta ai margini del fosso perdendo l'equilibrio con un urlo disumano vi andò a cadere dentro subito raggiunta dai due pezzi di macigno che precipitandogli addosso, la schiacciarono ricoprendola per sempre.

Sirio nel frattempo si premurò a sollevare da terra Serena che era caduta sull'erba proprio ai suoi piedi, e baciandola con dolcezza ...

– *Serena finalmente sono libero dall'incantesimo cui*

ero stato relegato dalla mia matrigna, adesso posso amarti nella realtà e non soltanto nei sogni. –

Inutilmente i soldati cercarono di prestare soccorso alla perfida Serpea, centinaia di tonnellate di roccia e terra ormai l'avevano sepolta per sempre.

La voglia a forma di stella che Sirio aveva sul braccio sembrava splendesse di luce propria come se evidenziandosi volesse mandare un segnale e così fu, infatti re Urico notò la stella sul braccio destro del giovane ciò gli procurò l'inconfutabile sensazione di rivedere dopo tanti anni il fratello che ormai credeva morto. Staccandosi dai suoi soldati Urico si avvicinò a Sirio e dopo averlo guardato profondamente negli occhi con lenta ritualità, togliendosi il mantello e la corona, pose sia l'uno che l'altra, sulle spalle e sul capo del fratello.

Il capo delle guardie ha assistito alla scena e avvicinandosi preoccupato ...

– Sire! cosa fa?! consegna gli emblemi del suo

comando a uno sconosciuto? –

In tutta risposta Urico abbracciando il fratello.

– No! non è uno sconosciuto! oggi rinuncio alla corona e al mantello volentieri dal momento che in cambio ho ritrovato mio fratello Sirio che da anni credevo morto. –

– Certo che la conclusione a questa storia adesso diventa spontanea, ma per coloro che amano sentirla raccontare fine alla fine, concludo dicendo: Sirio e Serena si sposarono diventando Re e Regina, Urico poté senza alcun ostacolo coronare il suo sogno d'amore e da quel momento che la pace e la serenità erano tornate in tutto il regno, ognuno visse il resto dei suoi giorni felice e contento.

Una favola di luce

C'era una volta un gruppo di artisti di strada. Per coloro che non conoscono questi personaggi posso dirvi che non è difficile incontrarli in quasi tutte le grandi metropoli.

Molto spesso alcuni di loro si vedono intenti a dipingere per terra figure sacre sulle panchine che costeggiano le strade, altri sono intenti a suonare uno strumento musicale qualsiasi, altri ad intrattenere il pubblico con canti inediti, qualsiasi manifestazione artistica fatta per la strada è buona poiché mette gli stessi in condizione di chiedere qualcosa che li aiuti a sbarcare il lunario.

Spero sia riuscito, per chi ancora sconosce tale categoria di artisti, di essere riuscito a focalizzarvi gli stessi.

Adesso torno a parlare del nostro gruppo di artisti di strada perché è proprio nello stesso che si articola la mia storia.

I ragazzi che formano il gruppo sono nove e dettagliatamente:

Paolo considerato il saggio, essendo il più anziano Tony il pittore, Roberto il bello, Laura, Sandra, Angelo, Nadia, Chiara ed infine nonna Melissa.

Nonna Melissa, quando era ancora giovane era una bella e brava artista, lei cantava nei locali, e nei teatri, ed era richiestissima, adesso gli anni pesavano gravemente sulla stessa che non avendo più la forza per vivere autogestendosi veniva aiutata dal gruppo di artisti già menzionati che provvedevano ad ogni sua necessità.

I ragazzi si erano ormai affezionati a lei ognuno la considerava una familiare infatti tutti la chiamavano "Nonna Melissa".

Quel giorno era il 24 Dicembre, vigilia del S. Natale i ragazzi stanchi e infreddoliti all'approssimarsi della notte cercavano un riparo sotto i portici che delineavano la piazza del Duomo.

Fuori cominciavano a cadere anche se sporadicamente i primi fiocchi di neve, acceso un fuocherello attorno al quale ognuno aveva preso posto ci si raccontava le vicissitudini vissute durante la giornata appena trascorsa.

Mancava poco alla mezzanotte ancora pochi minuti alla nascita del Bambin Gesù.

– È tardi cerchiamo di sistemarci per la notte!!

Paolo, un ragazzo del gruppo sollecitava gli altri aggiungendo ...

– Soprattutto cerchiamo di sistemare Nonna Melissa, questa è una notte gelida e alla sua età questo freddo costituisce un pericolo.

Prontamente Chiara ...

–Vieni Nonna Melissa, cerchiamo un posto meno esposto al vento, così potrai ficcarti nel tuo sacco a pelo; questa è una notte più fredda del solito!

Nonna Melissa staccandosi garbatamente dal braccio di Chiara ...

– Ti prego cara, prima di andare a dormire non posso fare a meno di rivolgere la mia solita preghiera a Dio.

Uscendo da sotto i portici per dirigersi al centro della piazza, di getto Chiara!

– Ma dove vai?! Nonna Melissa morirai dal freddo!!

Apprestandosi a seguirla per tentare di dissuaderla.

Paolo la trattiene per un braccio.

– Chiara!!

Lascia che faccia la sua preghiera!!

Conosciamo tutti la sua fede!!

Anche se questa sera si gela per il freddo, non riusciresti mai a farla rinunciare.

Intanto Nonna Melissa ha raggiunto il centro della piazza ed inginocchiatasi ...

– Dio mio! sono troppo vecchia e stanca ma prima di chiamarmi a Te ti prego con tutto il cuore, almeno per una volta sola, fammi rivedere Lorenzo!

Questa notte ridammi la voce di un tempo, così che io

possa ancora per una volta in questa notte di Natale far sentire a tutti con il canto la mia preghiera. –

A quella supplica come per incanto una luce bianca scende dal cielo è avvolge nonna Melissa che ritrova la forza di alzarsi e cominciare a cantare.

La melodia di un'arpa sfiorata dal vento sembra accompagni la stessa durante il canto.

Il gruppo di ragazzi che in un primo tempo avevano cercato rifugio ora sorpresi e quasi ipnotizzati si avvicinano lentamente a lei.

– Ma come è possibile nonna Melissa in piedi, canta con una voce così possente e bella ... emette una luce ... sembra ... sembra ....

A queste parole quasi balbettate di Paolo risponde Roberto.

– Sì!! sembra un Angelo ... un Angelo che canta per noi ... e per il mondo intero la sua preghiera! ...

Le ultime parole di Angelo vengono coperte da un susseguirsi di tuoni assordanti, mentre la neve scende dal cielo più copiosa che mai, tanto da rendere quasi impossibile la visione riducendola a pochi metri. Quando i ragazzi cercano di raggiungere nonna Melissa per condurla ad un rifugio più protetto dalle intemperie del freddo, la visione che si presenta ai loro occhi lascia alcuni quasi paralizzati altri cadono in ginocchio lo stupore ha coinvolto tutti, Melissa non è più nonna Melissa ma per un miracolo di fede è ritornata giovane, adesso è la bella e affascinante cantante di un tempo.

È passato un anno da quella notte da quando Melissa è tornata ad essere la giovane e bella ragazza di un tempo.

Adesso per motivi di lavoro la nostra protagonista si ritrova nella stessa città che un anno prima l'aveva vista una vecchietta povera e debole.

Il gruppo degli artisti di strada suoi amici si ritrovano anch'essi nella stessa città e quel giorno vanno ad assistere ad un suo concerto.

Come allora è la vigilia di Natale, il tempo non sembra promettere nulla di buono, la temperatura è scesa notevolmente mentre i primi fiocchi di neve spinti da una leggera brezza danzano nel cielo.

Il concerto è già finito quando i ragazzi vanno a trovarla nei camerini del teatro la prima a farsi incontro baciandola, è Laura.

– *Ciao Melissa! come va? siamo venuti a trovarti dopo aver assistito al tuo spettacolo, sei stata bravissima!!*

– *Grazie! sono felice di vedervi, come mai siete spariti? e da un anno che non ho vostre notizie!!*

– *Volevamo che tu ricominciassi da sola la tua carriera di cantante, saremmo stati per te un intralcio, ma come vedi questa sera siamo stati presenti al tuo concerto.*

Paolo si fa largo tra i suoi amici e avvicinandosi a Melissa mentre con un bacio le sfiora la guancia, le sussurra ...

– Ho una notizia per te!!

– Hai una notizia per me!? di cosa si tratta dimmi!!
non lasciarmi sulle spine.

– Vedi circa un anno fa quando eri ancora la nostra
"Nonna Melissa" ci avevi parlato di un tuo grande
amore, spero tu non l'ho abbia dimenticato!!

– E come potrei!! Come potrei dimenticare Lorenzo,
così come non potrò mai dimenticare voi.

Se per un miracolo sono tornata giovane, debbo
ricordavi che per voi resto sempre la vostra nonna
Melissa.

In questo periodo anche se non ho avuto più vostre
notizie, ho conservato per voi tutti i miei guadagni. –
Apprestandosi ad aprire la borsa e tirandone fuori un
libretto.

– Li ho depositati tutti in questo libretto per voi,
sapevo che prima o poi vi avrei ritrovati, con questi
soldi potrete condurre una vita un po' più agiata e
priva di stenti.

Ma adesso ti prego dimmi perché hai fatto menzione al mio Lorenzo a che proposito?!

Sapessi in quest'anno quanto l'ho cercato senza alcun risultato!!

– Ebbene! ... ho trovato io il tuo Lorenzo –

Emozionatissima Melissa

– Ma è il più bel regalo che io possa ricevere dimmi dov'è, ti prego Paolo dimmelo!!!

Quasi esitante ...

– Prima debbo avvertirti che non sarà l'incontro che magari tu tante volte hai sognato ... vedi ... tu sei tornata giovane, il tempo per te ha fatto un grosso passo indietro, per lui purtroppo è andato avanti ed adesso è vecchio, è ammalato e vive di elemosine.

Il tuo Lorenzo è un barbone non credo che incontrarlo possa rispecchiare i desideri dei tuoi sogni!!

– Caro Paolo queste argomentazioni non riusciranno ad impedirmi di incontrarlo non sono le esteriorità

che mi legano a lui.

Il mio amore per lui va oltre quei ricordi che sono legati all'immagine del mio Lorenzo giovane e bello, io amo con tutta me stessa l'essenza del suo animo, amo tutto ciò che non può essere intaccato nemmeno dal tempo. Le nostre anime si sono amate e si ameranno per l'eternità al di là del tempo e dello spazio.

Adesso non indugiare più; dimmi dov'è!?

- Come vuoi! il tuo Lorenzo dorme ogni sera sotto i portici della piazza grande di questa città.

– Piazza Grande?? ma è la piazza dove ...

La interrompe prontamente Paolo

– Sì proprio quella!! la piazza dove un anno fa tu vecchietta per un miracolo di fede sei tornata giovane.

Melissa guarda il suo orologio da polso poi ...

- Manca circa mezzora alla mezzanotte debbo andare da lui ...

Indossato il cappotto e seguita dai ragazzi si appresta ad uscire dal teatro per imboccare a piedi sotto la neve che via via scende più intensamente, la strada che conduce a Piazza Grande.

Inutilmente Melissa fa il giro dei portici accompagnata dai ragazzi alla ricerca di un giaciglio di cartone dove possa trovare il suo Lorenzo.

Ogni ricerca risulta vana, quando Sandra una delle ragazze del gruppo, tra i fiocchi della neve che scendono copiosamente intravede in direzione del centro della piazza una figura ricurva su se stessa.

– *Guarda Melissa! giù in fondo la piazza c'è qualcuno.*

Gli occhi di Melissa si focalizzano su quanto indicato da Sandra, mentre un brivido che preannuncia un presentimento le attraversa la schiena.

– *Sì!! sento che è lui ...*

Dirigendosi con passo deciso, gli altri stanno per seguirla quando Paolo...

– *Ragazzi!! credo sia più opportuno lasciare che si incontrino da soli! –*

Il messaggio di Paolo viene da tutti accettato ed ognuno ritorna sui propri passi.

I passi di Melissa seppur attutiti dalla morbida neve vengono avvertiti da Lorenzo.

– *Chi c'è alle mie spalle? chiunque tu sia ...*

se sono soldi che cerchi, sappi che da un povero vecchio non potrai ricavarne nulla.

In silenzio Melissa si avvicina sempre più a lui ponendosi di fronte a pochi metri.

Non ricevere alcuna risposta e sentirsi osservato pone Lorenzo in uno stato di agitazione.

– *Perché non parli?! potrei sapere chi sei ... e cosa vuoi?!*

Poi come se qualcosa lo avesse colpito ...

– *Questo ... questo profumo ... non è possibile mi riporta al passato ... no! ... sto delirando!...*

– *Non stai delirando! sono io Lorenzo!!*

– Melissa!!!

Avvicinandosi e lasciando che le sue mani sfiorino il viso di lei tastandolo come a volerne evidenziare i contorni.

- Sì! ma come è possibile che il tempo sembra che il tempo per te si sia fermato.. –

Adesso la voce di Melissa ha assunto una tonalità grave quasi di rimprovero e la risposta è piuttosto tagliente e decisa.

– Perché mi sfiori senza guardarmi?

Bisogna guardare negli occhi … la vergogna!

Perché sei fuggito? perché mi hai abbandonata?! –

La reazione di Lorenzo è immediata.

– No! non sono fuggito né ti ho abbandonata, ma ho dovuto allontanarmi da te … tu non puoi immaginare quanto mi è costato … tu … tu eri giovane bella e brava non potevo intralciare la tua carriera … io … ero ammalato, sapevo di diventare cieco, per te sarei stato solo e soltanto un peso sono andato via per

Amore!!

Per salvare la tua vita futura!! –

– Tu cieco!?

Una lacrima scivola giù per le guance di Melissa mentre istintivamente prendendo il suo viso tra le mani lo avvicina a se abbracciandolo e aggiungendo con voce tremante ...

– In amore ... si decide in due, nessun prezzo è abbastanza alto da pagare quando si ama veramente.

Io per te avrei affrontato tutto ed avrei rinunciato a tutto.

In questi anni sapessi quanta solitudine ...

Sapessi quanto ti ho cercato!!

– Anch'io sono solo, anch'io ho amato solo te ... nei miei sogni ... quante volte ti ho cercata in tutto questo tempo soltanto i ricordi mi hanno aiutato a vivere ...

I nostri ricordi di allora ... ma adesso sono cieco, sono vecchio, sono malato mentre tu ... non so per quale miracolo e per la verità non so nemmeno se sto vivendo un sogno, sei rimasta giovane e bella come allora ... Adesso che hai saputo la verità vai!!

Scegli la giovinezza, scegli la bellezza, il mio tempo ... è finito ... la mia luce è spenta ... vattene!! Ti prego!!!

– La tua non è una scelta altruista!!

Come pensi che io possa appropriarmi di qualcosa che non mi appartiene del tutto ?! La mia vita, i miei sogni sono anche tuoi così come le tue sofferenze e i tuoi disagi appartengono anche a me.

Io e te nel bene e nel male resteremo sempre insieme nessuno potrà mai separarmi da te adesso che ti ho ritrovato. –

Poi alzando gli occhi al cielo

– Mio Dio ti ringrazio per quanto mi hai dato ti ringrazio per avermi ridato la giovinezza e con essa la bellezza di un tempo, ma ancor di più per avermi fatto ritrovare il mio Lorenzo, tu sai leggere nel mio cuore e sicuramente avrai capito che anche se cieco e

ammalato preferisco restare con Lorenzo.

Rinuncio a tutto alla mia giovinezza alla vita agiata alla bellezza niente di tutto questo è paragonabile all'amore che sento per Lorenzo.

Un tuono echeggia nel cielo mentre la neve scende così intensa che i ragazzi al riparo sotto i portici non riescono più a vedere cosa succede al centro della piazza.

Il fenomeno dura soltanto un paio di minuti poi quando smette di nevicare e istintivamente ognuno guarda la piazza, la stessa è deserta.

Sandra balbettando:

– Ma ... ma dove ... dove sono andati, sono scomparsi!?

Un silenzio fatto di sguardi interrogativi aleggia nel gruppo, poi Paolo ...

– Ragazzi! Credo di aver capito!!

Melissa e Lorenzo questa notte si sono ritrovati, il loro amore ha trionfato, non potrei dirvi dove si trovano materialmente, posso però assicurarvi che adesso sono felici.

Non è un caso che tutto ciò è avvenuto la notte di Natale!!

Ognuno di noi deve convenire che questa non è una notte qualunque, in questa notte la fede e l'amore polarizzano l'intera umanità.

Melissa e Lorenzo rappresentano per tutti noi un evento che sfugge ad ogni forma di raziocinio ma che trova un'unica soluzione ...

"Per fede e per amore tutto può accadere".

La favola di carnevale

In un tempo lontano, due regni confinavano tra loro governati da due re. In uno viveva un re che aveva una figlia bellissima il cui nome era Lidia, coloro che componevano il popolo di questo regno venivano denominati "Carnevalotti" ed il loro sovrano "Re Carnevale".

Il regno confinante con quello dei Carnevalotti, era quello dei Quaresimotti i quali avevano un re piuttosto burbero, attaccato al potere, del quale ne faceva una ragione di vita, anche lui aveva un figlio di nome Alessandro, un principe affascinante dedito non soltanto alle armi, cui era stato fin da piccolo addestrato per ordine del padre, ma il giovane non disdegnava la cultura e l'arte in qualunque modo potesse esprimersi.

Ogni anno nel periodo che precedeva la santa pasqua nel regno dei Carnevalotti si dava una grande festa alla quale era stato dato il nome dello stesso re, la festa del "Carnevale".

In tale occasione il popolo si divertiva sfrenatamente in canti e danze che avevano la durata di notti intere, si attenevano alla lettera dell'antico motto latino "Semel In Anno Licet Insanire" (Una volta l'anno è lecito darsi alla pazza gioia).

Questa manifestazione con tanta esplosione di gioia e felicità, se da un canto era ben accettata dai Carnevalotti che la vivevano intensamente, era mal vista e tollerata dal re del vicino popolo dei Quaresimotti, che in essa vedeva un esempio che in un modo o nell'altro avrebbe potuto influenzare negativamente il suo popolo. Il re dei Quaresimotti un giorno, un po' per sua decisione in parte influenzato dalle pressanti richieste dei suoi ministri, decise di porre fine a tutto ciò e mandò una sua delegazione al re dei Carnevalotti con un suo ultimatum, nel quale chiedeva categoricamente l'abolizione di tale manifestazione, minacciando in caso contrario una guerra tra i due popoli.

La delegazione che il re dei Quaresimotti inviò al re dei Carnevalotti era capeggiata da suo figlio, il principe Alessandro, il quale seppur mal volentieri dovette ubbidire agli ordini del padre.

In tale circostanza il principe Alessandro ebbe modo di vedere per la prima volta la principessa Lidia figlia di re Carnevale e tra i due fin dal primo sguardo nacque una simpatia così intensa che li portò inevitabilmente ad innamorarsi l'uno dell'altra.

Il re Carnevale purtroppo non aderì alle richieste del principe che esprimevano il volere del padre, adducendo che non poteva privare il suo popolo di una tradizione che ormai radicata rappresentava per gli abitanti dopo un anno di lavoro, una valvola di sfogo e di felicità. Il principe tornò a malincuore nel suo regno,conscio che la risposta di re Carnevale avrebbe suscitato le ire del proprio padre con l'amara conseguenza che avrebbe scatenato una guerra; e così purtroppo fu! I Quaresimotti,ben armati ed equipaggiati,in pochi giorni superati i confini invasero il territorio dei Carnevalotti.

Re Carnevale diede ordine ai suoi uomini di non accettare lo scontro e si rifugiò con gli stessi nella fortezza del proprio castello. Furono parecchi giorni d'assedio, fino a quando i Quaresimotti bombardando con i cannoni le mura, riuscirono ad aprire una breccia costringendo i Carnevalotti alla resa.

Lo spettacolo che adesso si presentava era davvero inquietante; adesso ogni carnevalotto in ginocchio sotto la spada del proprio nemico era rassegnato a ricevere il colpo fatale.

La stessa Lidia figlia di re Carnevale stava in ginocchio sotto la spada del proprio principe.

I re dei Carnevalotti davanti al suo nemico con aria rassegnata e dimessa pronunciò una frase:

- *Orbene! Re dei Quaresimotti hai vinto!*

Il re dei Quaresimotti in tutta risposta con aria

distaccata e trionfale, rivolgendosi ai suoi

- *Accendete una grande pira, oggi bruceremo per sempre con il proprio re la tradizione di questa festa chiamata Carnevale* - Rivolgendosi poi a re Carnevale con disprezzo....

- *In quanto a te! esprimi il tuo ultimo desiderio ma che non sia una richiesta di grazia!*

In tutta risposta re Carnevale.

- *Io non imploro la tua pietà, poiché anche se vinti io e il mio popolo sapremo affrontare con dignità il nostro destino!*

Il re dei Quaresimotti a quelle parole replicò

- *Prima di procedere alla tua esecuzione, potrei sapere per quale motivo non hai accettato quanto ti avevo chiesto tramite mio figlio, sacrificando in tal modo la tua vita e quella dei tuoi uomini, dando addirittura ordine agli stessi di rinunciare al combattimento, per poi accettare passivamente una tale sconfitta? in nome di quale causa, di quale pazzia hai fatto sì che ciò accadesse?!*

Con voce ferma e pacata, re Carnevale diede una risposta.

- *Re dei Quaresimotti, la tua arroganza ti rende cieco, la tradizione di un popolo quando viene da tutti accettata diventa una realtà nel tempo e dello stesso né diviene parte integrante.*

Non si può abolire ciò che è stato e che sarà, la mia causa ha un solo nome.... "Il tempo per ogni cosa"

- *Il tempo per ogni cosa? Spiegati meglio!*

- *Il giorno aspetta il tempo della notte, ogni stagione aspetta che si compia il tempo di quella che la precede, l'anno nuovo aspetta la fine del vecchio, cosi come la quaresima dovrebbe aspettare la fine del carnevale, ma tu non puoi capire tutto questo!!*

- *Io sono un re! e ne io ne nessuno dei miei uomini, se è in grado di modificare gli eventi è disposto ad aspettare o rinunciare a qualcosa che con la forza delle armi può ottenere subito!* - Rivolgendosi poi ai suoi uomini - *Ditemi voi, esiste qualcuno, uno solo tra voi che non è d'accordo con me.*

Il silenzio che aleggia nel campo di battaglia viene interrotto dalla voce del principe Alessandro che echeggia con determinazione.

- *Io padre !!*

- *Tu?! Mio figlio?!*

- *Si padre!! Io ho saputo aspettare, io ho rispettato ed ho chiesto con umiltà e dolcezza a Lidia figlia di re Carnevale che ricambiasse l'amore che sento per lei...ed adesso tu padre in nome della tua prepotente arroganza, dai la donna che amo alla lama della mia spada, soggiogando al tuo volere un grande amore, rischiando di uccidere così tutti i miei sogni!!*

Passano alcuni minuti, ognuno aspetta la decisione del re dei Quaresimotti quando lo stesso...

- *Come ho potuto ignorare tanto.... ho lasciato che il mio egoismo potesse sopraffare la ragione, facendo sì che l'arroganza uccidesse il buon senso Perdonami*

90

figlio se non sono riuscito a leggere nei tuoi occhi! -
Rivolgendosi poi al re dei Carnevalotti e porgendogli
la mano - *Alzati o re dei Carnevalotti, tu hai perso la*
battaglia, ma hai vinto la guerra! Adesso io e i miei
uomini bruceremo le nostre spade e da oggi anche
noi accetteremo il carnevale nelle nostre tradizioni!
- *Re dei Quaresimotti! non io, ma è il tempo e*
l'amore che hanno vinto la guerra.
Quel giorno i due principi suggellarono il loro sogno
d'amore e da allora il Carnevale divenne una festa
che trovò la giusta collocazione nei tempi che
seguirono.

Un'anatra di nome Olaf

- *Quanto siete stupide* pensava tra se e se Olaf.

Olaf era un'anatra bianca che contrariamente alle sue compagne che giornalmente si prodigavano alla ricerca del cibo ed ad allenarsi nel volo, preferiva una vita più riposata e comoda.

La bestiola era convinta che ogni cosa gli era dovuta senza dover faticare per ottenerla.

Olaf adorava le comodità e il lusso, infatti pur essendo un'anatra, guardava con ammirazione gli esseri umani che erano ricchi e vestivano bene, non degnando di uno sguardo i poveri e i barboni.

Tutto questo suo atteggiamento gli era stato insegnato da un suo compagno di nome Utak con il quale viveva le sue giornate oziando e deridendo gli altri.

Mancavano poche settimane alla migrazione e quante volte le altre anatre avevano sollecitato i due ad allenarsi con loro in volo in modo da poter essere pronti nel sostenere il lungo e faticoso viaggio migratorio ma ogni tentativo era vano; in tutta risposta venivano derise e beffeggiate dai due.

- *Siete stupide! vi affaticate inutilmente! esistono altri mezzi per raggiungere, quando sarà il momento, le zone calde senza doversi affaticare volando.*

- *Ma quanto sono stupide, quando sarà il momento cara Olaf diceva Utak al compagno, basterà prendere un passaggio dal primo treno che va verso il sud, non vedo proprio perché dovremmo affaticarci inutilmente!!*

Era il giorno della partenza, pochi attimi dopo che lo storno delle anatre era partito per la trasmigrazione, la terra cominciò a tremare. Pochi minuti bastarono a quel violento terremoto per mettere a soqquadro l'intera regione, ogni via di comunicazione fu interrotta e ogni località restò isolata per parecchi giorni.

Il tempo cominciava a cambiare, le condizioni atmosferiche non promettevano niente di buono per

Utak e Olaf, infatti dopo pochi giorni cadevano i primi fiocchi di neve.

Le nostre due anatre non erano abituate a quel clima e il freddo e la fame cominciavano ad avere il sopravvento.

- *Adesso come faremo? Ha! quanto sarebbe stato meglio se fossimo partiti con lo stormo.*

Continuava a ripetere Olak

- *Non essere pessimista* - replicava Utak - *Vedrai che troveremo una soluzione, anzi a tal proposito mi è venuta un'idea.*

- *Dimmi! qui rischiamo di morire per la fame e per il freddo.*

- *Troveremo rifugio nella lussuosa villa di qualche magnate, qui i dintorni ne sono pieni.*

Detto fatto le due anatre stremate, con le poche forze che avevano si alzarono in volo per cercare il rifugio più appropriato. Ad un tratto scrutando dal cielo

- *Guarda c'e una casetta, scendiamo lì.*

- Non se ne parla nemmeno, e troppo piccola sarà la dimora di un pezzente, piuttosto un centinaio di metri più avanti c'e quella dimora lussuosa con piscina, dai! io vado avanti seguimi!! - Aveva appena volato per una decina di metri, quando dalla villa si vide un lampo seguito simultaneamente da una detonazione, era un colpo partito da un fucile da caccia, per Utak non ci fu scampo, colpito in pieno volteggiò per pochi metri per poi precipitare privo di vita verso il suolo.

Olak terrorizzato si lasciò andare in picchiata giù, in cerca di un nascondiglio tra gli alberi.

Restò fermo acquattato per parecchie ore prima di librarsi nuovamente in volo in cerca di un rifugio che lo proteggesse dal freddo e da ogni insidia.

- Povero Utak, se prima mi avesse ascoltato....

Se fossimo partiti con lo stormo tutto ciò non sarebbe successo!! - Finalmente Olaf stremato ed infreddolito trovò un rifugio sotto un ponte, mentre la neve più copiosa che mai continuava a cadere. A pochi metri da lui un vecchio barbone stava a scaldarsi attorno ad un fuocherello.

Il vecchietto mosso a compassione nel vedere il volatile stremato e intirizzito dal freddo lo prese tra le braccia rianimandolo con il calore del proprio corpo.

Nei mesi che seguirono il vecchio barbone si prese cura amorevolmente del povero Olaf che grazie a lui riuscì a superare l'inverno. Con l'arrivo della bella stagione ritornò lo stormo delle anatre, quello fu per Olaf un giorno meraviglioso, rivedere e riunirsi ai vecchi amici fu un avvenimento la cui intensità gli provocò lacrime di gioia. Fu proprio allora che nella sua piccola mente affiorarono i ricordi che in quell'anno avevano caratterizzato la sua esistenza.

Gli tornarono in mente i momenti spensierati ma irresponsabili vissuti con Utak, quando insieme ammiravano le comodità dei ricchi disprezzando i poveri sentendosi talmente arroganti e sicuri da abbandonare lo stormo.

Ricordava ancora con dolore la triste fine di Utak e i momenti di serenità che gli aveva dato la protezione di quel vecchio barbone in quel gelido inverno.

Adesso Olaf era diverso aveva subito una metamorfosi che lo aveva portato a maturare i propri pensieri e sentimenti.

Ora più che mai aveva capito che la sua vita era legata alla sorte dello storno che un anno prima aveva rinnegato, e che la vita non è fatta di apparenze perché la generosità, la bontà e la sensibilità sono sentimenti che più facilmente trovano dimora nel cuore di un povero barbone anziché in quello di un ricco benestante..

Salvino Tuttofà

In quell'anno il vento forte aveva danneggiato notevolmente la produzione di olive, per cui la raccolta fu scarsissima e Salvino non trovò lavoro. Nel posto in cui viveva un paesetto di montagna con poco più di un centinaio di abitanti veniva da tutti apostrofato con un nomignolo "Salvino tuttofà" poiché per ogni tipo di lavoro dai più umili ai più faticosi i suoi compaesani si rivolgevano a lui.

Attirati dalla disponibilità, ma sopratutto dalla sua moderazione nelle richieste di denaro.

Non aveva mai approfittato di alcuno, la sua filosofia era una sola, lavorare per campare, tanto "S. Pietro le porte del Paradiso non te le apre per quello che possiedi, bensì per quello che hai dato".

Tanta modestia purtroppo per i più era considerata dabbenaggine e i bisbigli dei paesani arrivavano tutti a una conclusione "E' mezzo scemo!" Salvino non aveva mai pensato di volersi sposare anche perché accudiva la madre che ormai vecchia e malata monopolizzava su di se le attenzioni del figlio e poi chi avrebbe accettato mai di sposare "Salvino Tuttofà" considerato a torto "Mezzo scemo".

La vita che conducevano madre e figlio non era priva di stenti e di rinunce, ma malgrado tutto riuscivano ad andare avanti.

Un giorno la madre del giovane si ammalò gravemente e vane furono le premure e le cure del figlio.

Salvino le dedicava tutto il suo tempo, cercando di trovare conforto nelle risposte della madre ai suoi mille angoscianti interrogativi.

- *Madre non mi lasciare! Ah come farò da solo?! Mi dovrò sposare? E con chi? Chi vorrà mai sposare Salvino Tuttofà?!*

Quando venne il momento per la povera vecchia di chiudere gli occhi per sempre, chiamò vicino a sé Salvino e con voce pacata lentamente gli disse:

- *Figlio mio, io sto per lasciarti, ma ti prometto che ti aiuterò lo stesso venendoti in sogno; in quanto alla tua domanda su chi vorrà mai sposarti, ti posso assicurare che tutte le ragazze del paese e dei dintorni faranno a gara per diventare tua moglie, ma ricordati che tu dovrai chiedere in moglie tra tutte, quella che ti valuterà per quello che sei, e non per ciò che hai, lei ti pagherà e da lei sarai costretto a prenderti i soldi.*

Queste furono le ultime raccomandazioni che la madre di Salvino Tuttofà fece prima di morire.

Passarono i giorni e i mesi da quel giorno che la madre lo aveva lasciato per sempre, Salvino rimasto solo sentì tanto il bisogno di formarsi una famiglia, avere qualcuno accanto con cui condividere la propria esistenza.

A nessuna ragazza Salvino aveva avuto il coraggio di formulare una richiesta di matrimonio anche perché era perfettamente conscio del fatto che non solo avrebbe ricevuto un rifiuto, ma sarebbe stato anche deriso e schernito da tutto il paese.

Una notte avvenne quanto la madre prima di morire gli aveva promesso, infatti, la stessa gli apparve in sogno e diede al figlio i numeri che giocandoli avrebbero cambiato la sua esistenza.

In pochi giorni la vita del giovane cambiò, era diventato il più ricco del paese e non c'era fanciulla che non avrebbe desiderato diventare sua moglie.

Adesso ognuno dei compaesani lo considerava sotto un'altra ottica adesso non era più " Salvino Tuttofà" ora era "Don Salvino" l'uomo più ricco del paese.

Tuttavia seppur ricchissimo il giovane non aveva cambiato le sue abitudini, i soldi non avevano cambiato lui, ma, avevano cambiato gli altri che lo circondavano.

Adesso nessuno aveva il coraggio di chiamarlo per un qualsiasi lavoro, e se qualche volta era lui stesso ad offrirsi di dare una mano alla fine ognuno si limitava ad una stretta di mano ed ad un "grazie! non era il caso si disturbasse don Salvino !!"

Quante richieste di matrimonio gli venivano fatte tramite il curato della chiesa del paese e proprio dalle famiglie delle ragazze che fino a qualche mese prima ridacchiavano alle sue spalle.

Ma Salvino ricordava ancora le parole della madre "dovrai chiedere in moglie quella che ti valuterà per quello che sei, e non per ciò che hai, lei ti pagherà e da lei sarai costretto a prenderti i soldi".

Quante volte aveva cercato una spiegazione alle parole della madre, ma purtroppo non riusciva mai a venirne a capo.

Una sera di novembre era appena uscito dalla chiesetta del paese dove aveva assistito a una sacra funzione, quando improvvisamente cominciò a piovere, ognuno dei fedeli intervenuti si apprestava ad aprire l'ombrello per dirigersi frettolosamente alla propria abitazione.

L'ultima ad uscire fu una ragazza che tentò invano di aprire l'ombrello per ripararsi dalla pioggia.

Dopo inutili tentativi, vedendo lì vicino Salvino che la osservava in silenzio si rivolse a lui.

- *Salvino! Il mio ombrello non riesco ad aprirlo, tu che sai fare un po' tutto, puoi dargli un'occhiata?*

Salvino non si fece ripetere due volte l'invito, dopo aver aperto la cassettina degli attrezzi che portava sempre con se, in meno che non si dica aggiustò l'ombrello che consegnò alla ragazza, la quale dopo averlo controllato.

- *Adesso funziona perfettamente! quanto ti debbo Salvino!?*

- *Nulla!*

Rispose prontamente il giovane, la ragazza corrugò la fronte e restituendogli l'ombrello disse:

- *Io ti ho chiesto aiuto perché avevo fiducia nelle tue capacità ma nello stesso tempo ti ho affidato un lavoro che tu hai svolto in maniera soddisfacente, per cui se il*

tuo orgoglio ti porta a rifiutare i miei soldi, vuol dire
che rinuncerò all'ombrello.

Detto fatto si inoltrò sotto la pioggia che cominciava a cadere sempre più intensamente.

Vista tanta determinazione Salvino non poté fare a meno di intervenire

- *Va bene! Non voglio che ti bagni, il lavoro costa 2 Euro.* - La ragazza tornò su i suoi passi, aprì il borsello da cui tirò fuori i due Euro, e dopo averli consegnati, recuperò l'ombrello e con un sorriso si allontanò sotto la pioggia.

Una considerazione sfuggì dalle labbra di Salvino.

- *Malgrado sapesse delle mie ricchezze ha voluto pagarmi ed io ho dovuto accettare.*

Il collegamento di quanto aveva appena formulato lo riportò quasi simultaneamente alle ultime parole che la madre gli aveva detto prima di morire.

Adesso per lui tutto divenne chiaro, quella era la donna che avrebbe dovuto essere sua moglie e così infatti fu.

Zir il cieco

Zir era più giovane di Zor e questa condizione gli dava una presunzione e arroganza indisponente.

Zir aveva un giardino che teneva recintato e chiuso con cento catene e catenacci, a nessuno permetteva di calpestarne l'erba. Tale accorgimento gli dava sicurezza, e si realizzava al solo pensiero che ognuno poteva vederlo e soffrire nel desiderio di giacervi sopra.

Nel suo giardino teneva una capretta (peraltro rubata, ma questa è un altra storia) libera di pascolare in una prigione chiusa Zir si vantava del fatto che solo lui poteva bere il latte della stessa e derideva il mondo, ma sopratutto Zor che nel suo giardino non teneva alcun recinto né catene, conscio del fatto che le catene nulla possono nel segregare la natura.

Anche Zor teneva una capretta, ma questa era libera di spaziare e autogestirsi da sola.

Tante volte Zir aveva tentato entrando nel giardino di

Zor, di avvicinarsi alla capretta e di tentare con ogni sotterfugio di rubarne il latte, ma la capretta di Zor era addestrata bene bene; si lasciava avvicinare quel tanto che bastava, per dargli l'illusione che era disponibile, per poi fuggire al momento che Zir voleva farla sua per assaporarne il latte.

Questo altalenare degli eventi indisponeva sempre di più Zir che cercava ogni occasione per mortificare Zor che a suo dire era ormai vecchio per poter accudire al suo giardino e alla sua capretta. Per Zir che non aveva capito nulla del tempo in cui viveva, ogni occasione era buona per colpire Zor gia avanti negli anni.

Un giorno un angelo su ordine di Dio chiamò Zir e gli disse:

"Caro Zir, ti sembra giusto che tu possa prenderti scherno di Zor, soltanto perché lui è avanti con gli anni rispetto a te?!

Ti rendi conto che l'aria che respiri e già stata tante

volte, prima che tu nascessi respirata da Zor. Così è per l'erba che tu calpesti e per la luce del sole, per il soffiare del vento intorno al mondo, renditi conto amico mio, l'universalità delle cose che ti circondano e che adesso credi che ti appartengono, sono già state sue, per cui mi sembra giusto che tu abbia per Zor più rispetto è considerazione, poiché su ogni cosa che adesso scopri tua, lui può consigliarti nell'adoperare la stessa.

Udendo tali frasi Zir scoppio a ridere e con baldanza si rivolse all'angelo: *"Vorrei farti notare che su una frase stai sbagliando; sul fatto che su ogni cosa che è mia lui può consigliarmi nell'adoperare la stessa.*

Come può consigliarmi su qualcosa che non è mai stata sua?

I scommetterei la mia vista, Dio mi è testimone, che il vecchio Zor non sarebbe in grado di dirmi o di spiegarmi come è fatto il mio giardino, né potrebbe conoscere il profumo dei fiori che nasconde, poiché non gli ho mai permesso di inoltrarsi in esso ed infine non potrebbe mai dirmi il grado di dolcezza che c'è nel latte della mia capretta, poiché non gli ho mai dato modo di avvicinarla! Come puoi notare caro angelo, Zor è ormai vecchio e il mondo adesso è mio!!

Una voce si udì allora dal cielo:

"Giovane presuntuoso e sciocco!

La sola saggezza che hai dimostrato di avere è stata quella di scommettere la vista, poiché è un bene che fino ad oggi non ti è servito molto". Da quel momento Zir divenne cieco".

La leggenda di

Babbo Natale

Nei meravigliosi boschi di alte conifere che per gran parte dell'anno sono imbiancate di neve, forse in Canada o in Finlandia o in Svezia non potrei essere preciso in quale punto della terra, viveva da solo un giovane boscaiolo di cui nessuno ne aveva mai conosciuto le origini.

Il giovane aveva costruito la sua modesta casa utilizzando il legno che gli fornivano i boschi e degli stessi ne conosceva tutti i segreti. Come riuscisse a sopravvivere è un mistero che nessuno è mai riuscito a scoprire, poiché Babnat così si chiamava non viveva di caccia, poiché aveva il massimo rispetto per gli abitanti del bosco, adorava gli scoiattoli, i cervi, le renne, gli uccelli e non si sarebbe mai sognato di far del male ad una creatura vivente, infatti, con gli stessi aveva istaurato una perfetta simbiosi fatta di rispetto e amore che gli veniva da tutti ricambiato e con i quali riusciva a comunicare in quanto ne aveva imparato il linguaggio. In una notte di dicembre mentre fuori nevicava intensamente, il nostro Babnat stava addormentato ristorandosi al calduccio che la fiamma del camino acceso provocava nella stanza.

Un sogno meraviglioso arricchito dalle miriadi di luci e colori che formano l'arcobaleno allietavano il suo dolce sonno, in questa miriade di colori.

Un fascio di luce andava a polarizzarsi sul volto di un bimbo rendendogli una luminosità e uno splendore unico, in quel bimbo Babnat aveva riconosciuto Gesù bambino che sorridendo cominciò a parlargli:

- *Caro Babnat tu sei in questo mondo perché sei stato predestinato a compiere una missione; vedi nel periodo di dicembre si festeggia il Natale che come tu sai rievoca la mia nascita.*

Nel tempo in cui ciò è avvenuto io ho ricevuto dei doni portatemi dai Re Magi, adesso è mio desiderio che in tale circostanza tutti i bimbi buoni del mondo ricevano anche loro un dono e questo compito dovrai assolverlo tu.

Alle parole di Gesù Bambino Babnat rispose titubante:

- *Ma come farò caro Gesù io da solo a portare doni a tutti bimbi del mondo? E dove potrei mai trovare tanti regali? E in che modo?!*

- *Non scoraggiarti Babnat, tutto ti verrà suggerito a suo tempo e in te stesso troverai la soluzione facendoti aiutare dalle creature che popolano il bosco* - Aggiungendo.... - *dal prossimo anno i bimbi buoni dovranno avere il loro regalo e da questo momento tu sarai il babbo di tutti, il tuo nome non sarà più Babnat poiché tutti ti conosceranno come "Babbo Natale" e vivrai nelle generazioni che seguiranno nel cuore di tutti i bimbi del mondo.*

Queste furono le ultime parole di Gesù prima che lo stesso svanisse dal suo sogno e lo stesso Babnat si svegliasse.

Nei giorni che seguirono, il sogno che aveva fatto

prese posto nella sua mente diventando per Babbo Natale un pensiero assillante.

- *Come farò! Chi potrà aiutarmi?!* - Ripeteva ad alta voce.

Il gufo considerato da tutti il saggio del bosco sentì la sua accorata disperazione. *Cosa ti succede amico mio?! Perché sei cosi pensieroso e disperato?*

- *Vedi caro Gufo Saggio debbo risolvere un problema che penso non abbia soluzione.*

In poco tempo raccontò al gufo il sogno che aveva avuto alcune sere prima concludendo:

- *Adesso che ti ho raccontato tutto, amico mio pensi che possa riuscire a quanto sono stato predestinato?! E chi potrà aiutarmi?*

- *Non avvilirti caro Babnat, anzi mi correggo! Caro Babbo Natale io penso che se ti addentrerai in fondo alla valle fino a raggiungere la foresta dove dimorano gli Gnomi e chiederai aiuto agli stessi, sicuramente non rifiuteranno di fornirti una soluzione.* Detto questo spiccò il volo aggiungendo....- *Adesso vai! E buona fortuna!*

Incoraggiato e speranzoso il nostro Babbo Natale si rifornì di cibo che sistemò nel suo sacco che teneva legato sulle spalle apprestandosi al lungo cammino che lo avrebbe portato al bosco degli Gnomi.

Strada facendo incontrò cervi, renne, uccelli ai quali si rivolse pregandoli di dirigersi al bosco degli Gnomi per preannunciare agli stessi la sua visita.

Il sole era già tramontato quando il nostro giovane raggiunse i primi alberi che delineavano la foresta degli Gnomi.

Stanco e affamato sedette su un vecchio tronco abbattuto dal tempo, intento a consumare il modesto pasto.

Passarono alcune ore e il nostro Babbo Natale stava dentro il proprio sacco a pelo, raggomitolato su se stesso per il freddo, quando, finalmente, gli parve di scorgere sotto i tronchi degli alberi, nel sottobosco, migliaia di lumicini che emettevano una luce quasi evanescente. Il popolo che adesso gli andava incontro era quello degli Gnomi, non più alti di una spanna di mano.

Ognuno di essi teneva un lumicino la cui luce era fornita da un centinaio di lucciole racchiuse in una piccola sfera di cristallo.

Il più anziano degli Gnomi si avvicinò a Babbo Natale e cominciò a parlare...

- Caro amico la tua visita ci era stata preannunciata da alcuni abitanti del bosco che ci hanno raccomandato la tua persona, assicurandoci sul tuo altruismo, sulla tua bontà e generosità e soltanto dopo aver valutato le tue credenziali, il nostro consiglio dei saggi ha deciso mostrandoci a te di aiutarti mettendo a tua disposizione la nostra conoscenza e saggezza. È superfluo ricordarti che riceverai il nostro sostegno soltanto se l'obbiettivo che ti prefiggi è il conseguimento di una giusta causa,

altrimenti ogni nostro tentativo di aiutarti risulterebbe vano. – Proseguendo - *Vedi caro Babbo Natale noi Gnomi siamo il risultato dei pensieri buoni degli uomini che si materializzano creandoci,quindi ogni nostra azione può essere indirizzata soltanto al bene.*

Babbo Natale così come aveva fatto con il Gufo Saggio, mise al corrente anche il popolo degli Gnomi di quello che era stato il suo sogno e dell'obiettivo che si era preposto "Una volta l'anno un regalo per tutti i bambini buoni del mondo".

Dopo aver ascoltato attentamente il racconto del giovane il grande anziano degli Gnomi cominciò a parlare...

- Bene bene! Il tuo intento ha per fine una giusta causa, quindi abbiamo deciso di aiutarti, devi soltanto pazientare fino a domani, per dar tempo al nostro gran consiglio dei saggi di riunirsi e trovare una soluzione che possa soddisfare la tua richiesta.

Torna domani qui alla stessa ora.

Detto questo, con un inchino, il nostro Gnomo si allontanò seguito da tutto il suo popolo fino a scomparire completamente tra le felci che formavano la vegetazione del sottobosco.

Il giorno dopo, puntualmente il nostro Babbo Natale si presentò allo stesso posto e nella tarda notte il popolo degli Gnomi tornò al suo cospetto.

- *Ebbene, caro Babbo Natale, abbiamo trovato la soluzione!*

Comincio a parlare il capo anziano degli Gnomi.

- *Come si può?!*

Balbettò Babbo Natale

- *Amico mio, tutto dipenderà da te e con il nostro aiuto il tuo sogno potrà essere realizzato.*

- *Dimmi cosa dovrò fare!*

- *Hai sentito mai parlare dell'albero magico dalle foglie bianche?*

- *No!*

-Ebbene! Quest'albero, è un albero straordinario, durante il giorno perde alcune foglie che si depositano a terra sotto i suoi rami, e come per incanto a notte inoltrata le foglie spariscono.

Babbo Natale lo interrompe replicando.

- Spariscono? Cosa vuoi dire, spiegati meglio!

- In poche parole centinaia di migliaia di foglie ogni notte volano e hanno volato nei secoli in alto più leggere dell'aria fino a fermarsi su nel firmamento, formando quella che gli uomini vedono e chiamano "Costellazione della via Lattea" non è altro che l'insieme delle foglie bianche dell'albero magico.

- Ho capito! Ma non mi è ancora chiaro che attinenza ha questa spiegazione dell'albero magico dalle foglie bianche al raggiungimento del mio obbiettivo.

- Abbi pazienza, ascolta e capirai.

Riprendendo.

- Per le missioni cui se stato destinato è necessario che tu abbia un mezzo veloce che possa volare in

altro intorno al mondo. Caro babbo Natale come tu già sai, noi gnomi siamo la materializzazione dei pensieri buoni degli uomini dovrai portarci con te, per cui con il mezzo che noi ti costruiamo

Dopo un attimo di silenzio e dopo aver guardato profondamente negli occhi babbo Natale il più anziano degli gnomi riprese

- *Dall'alto del tuo mezzo volante intorno al mondo, ci lanceremo giù per raggiungere il cuore di ogni papà ed inculcare nello stesso il culto del regalo al proprio figlio che durante l'anno si è comportato bene; in poche parole la notte di Natale ogni papà del mondo farà le tue funzioni trasformandosi per l'eccezione in "Babbo Natale".*

Adesso tornando all'albero magico dalle foglie bianche, possiamo dirti che se non fosse saldamente legato alla terra tramite le sue robuste radici, sarebbe già volato in cielo.

Noi abbiamo bisogno del suo legno onde poterti

costruire una grande slitta che possa permetterti di volare attorno al mondo portandoci con te.

Caro Babbo Natale tocca a te tagliarlo e portarlo fino a noi.

- Ma come farò, se da come tu hai affermato prima è tenuto saldamente a terra dalle sue radici, non pensi che nel momento in cui mi riuscirà di tagliarlo, l'albero volerà via?!

- Non scoraggiarti! Vedrai non sarà impossibile! Poiché tale potere dell'albero di volare si manifesta durante la notte, vuoi dire che sfrutterai la luce del giorno per tagliarlo e trasportarlo, un po' prima che il sole tramonti ti adopererai di legarlo per bene puntellandolo saldamente al terreno, per poi riprenderne il trasporto nel giorno seguente.

- Adesso è giunto il momento che tu vada, molto lungo è il cammino è non privo di insidie.

Dovrai superare sei colline, all'inizio della settima troverai un piccolo bosco dove al centro dello stesso *si erge un albero gigantesco lo riconoscerai subito per le foglie bianche come la neve che durante la notte emettono una luce fluorescente, quello è l'albero magico. Ricordati di tagliarlo al sorgere del sole e di curarne il trasporto durante il giorno facendoti aiutare dalle dieci renne che adesso tu vedi qui e che ti saranno compagne di viaggio.*

Prima di salutarci ti raccomando ancora una volta di ancorarlo bene durante la notte, legandolo e puntellandolo saldamente al terreno, io e tutto il mio popolo di Gnomi saremo qui ad aspettare il tuo ritorno. Queste furono le ultime raccomandazioni del vecchio gnomo prima che lo stesso con tutta la sua gente sparisse nel sottobosco. Passarono parecchie settimane prima che Babbo Natale dopo aver raggiunto l'albero magico ed averlo tagliato, facendosi aiutare dalle renne, potesse far ritorno al bosco degli Gnomi.

Gli Gnomi, dal canto loro, lavorarono parecchi mesi

per completare una grande slitta a cui ne ancorarono una piccola onde poter contenere il maggior numero di gnomi possibile, cosicché dopo un anno alla vigilia di Natale furono pronti al decollo.

Quello fu il primo anno in cui Babbo Natale per l'occasione vestito di rosso e bianco, imbrigliò alla slitta le dieci renne che precedentemente lo avevano aiutato nell'impresa, agganciò alla stessa a rimorchio un'altra slitta più piccola e riempita la stessa di Gnomi si apprestò al volo girando per ogni parte del globo terrestre a seminare gli gnomi nel cuore di tutti i papà del mondo trasformando per incanto gli stessi in tanti "Babbo Natale".

Il compito di Babbo Natale era stato eseguito, ogni bimbo buono aveva avuto il suo regalo.

Da quell'anno nei tempi a seguire nel periodo di dicembre il rito si ripete e tutti i bimbi del mondo attendono con ansia la notte del 25 l'arrivo di Babbo Natale.

Adesso alcuni di voi si chiederanno:

Cosa fa durante l'anno Babbo Natale e gli Gnomi? E la slitta grande con la piccola, dove vengono custodite?

La risposta è semplice, Babbo Natale resta a riposare nel cuore di ogni papà del mondo, custodendo i pensieri buoni degli stessi per trasformarli poi in Gnomi da utilizzare durante la notte di Natale.

Per quanto riguarda le slitte, basta guardare il cielo, sono ambedue ben visibili nella costellazione del Piccolo e grande Carro.

Il tesoro di
Massa S. Nicola

"Benvenuti a Massa S. Nicola". Questo era scritto sul cartellone posto in evidenza al di sopra del viottolo che conduceva alla piccola contrada.

Mentre incuriosito mi inoltravo per percorrere la stradina, una decina di bimbi mi vennero incontro sorridendo.

Seduto su una sedia impagliata e bassa stava un uomo anziano che mi salutò aggiungendo ... ...

- *Sei venuto anche tu per il tesoro?!!*

- Lo guardai e subito dopo risposi

- *Veramente mi ha spinto la curiosità, sa io sono sempre attratto dai posti che non conosco... ... ... -* Continuando dopo una breve pausa - *Ma sicuramente dalla felicità che si sente nell'aria e che sembra trasparire perfino dai muri di queste vecchie case, comincio a credere che qui vi sia stato veramente un tesoro e che qualcuno lo abbia già trovato!...*

A quella mia risposta riprese il vecchio ... ...

- Si! Effettivamente hai indovinato! soltanto che non è stato "qualcuno a trovarlo" ma tutti i pochi felici abitanti che vivono in questa contrada. - Poi tirandomi con garbo per il braccio mi invitò a sedere accanto a lui dicendo... ... ... - *Adesso ti racconto una storia* ... ...

Parecchi anni fà in questo piccolo avvallamento ai piedi dei monti Peloritani il solo rumore che si poteva sentire era quello di un ruscello che attraversava le poche case disabitate di questa piccola contrada, infatti, gli abitanti, chi per un motivo chi per un'altro, avevano da tempo abbandonato le loro case.

Allora il silenzio sovrastava sovrano rotto a tratti dal canto degli uccelli e dalle rondini che numerosissime svolazzando attraverso le case sembrava volessero risvegliare, con lo sfrecciare dei voli, tanta staticità.

Eppure non tutti avevano abbandonato la minuscola

contrada, qualcuno era rimasto, unico custode di tanta solitudine era il vecchio Nicola. Lui viveva una vita quasi da eremita, la sua sola compagnia era il suo fedele cane Bob.

La giornata per Nicola era pieni di impegni, infatti, doveva preoccuparsi di coltivare il campo, estirpare erbacce e le spine che crescendo disordinatamente mettevano a rischio le case disabitate da tempo, in poche parole Nicola si preoccupava non soltanto di se stesso nel procurarsi i mezzi per la propria sussistenza, ma anche degli altri salvaguardando le case abbandonate e perché no qualche volta intervenendo con piccoli lavori di muratura se diventava indispensabile farlo.

La contrada, grazie alla continua manutenzione cui veniva sottoposta da Nicola, era rimasta nei venti anni circa da quando era stata abbandonata, la stessa di allora.

Quante volte Nicola seduto con la fronte tra le mani

stava a pensare agli anni della gioventù trascorsi in quella piccola contrada con gli amici, chissà quale sorte era capitata a Gianni il calzolaio; Linda la lavandaia a Turi il muratore, e al pecoraio Nino detto "crozza" e si chiedeva come avevano potuto dimenticare la contrada dove erano nati e dove avevano vissuto gli anni più belli della loro giovinezza, ma purtroppo i suoi interrogativi non trovavano risposta, finché un giorno prese il suo zaino, e ben determinato decise di andare in città alla ricerca dei suoi vecchi amici.

Dopo aver provveduto al cane, cui lasciò cibo abbondante per il tempo cui sarebbe mancato, e parecchio granturco per il pollame si accinse a percorrere il viottolo che da lì a poche ore di strada lo avrebbe portato al vicino paese.

Quando giunse in paese il municipio aveva da poco aperto i battenti, giusto il tempo di andare a informarsi sulla residenza dei suoi vecchi amici, che già vediamo Nicola comodamente adagiato sul sedile della corriera che conduce in città.

Sicuramente il trambusto e il movimento continuo cui la città era sottoposta non facevano piacere a Nicola che tra se e se mormorava.

"Ma come fanno a vivere in quest'inferno!".

Purtroppo Gianni il calzolaio e Turi il muratore, non era riuscito a trovarli poiché, il primo che aveva aperto una fabbrica di calzature si trovava all'estero, ed il secondo Turi che era diventato una delle più grosse imprese immobiliari, quel giorno era impegnato per lavoro lontano dalla città, riuscì in compenso a rintracciare Linda che appena lo vide lo abbracciò calorosamente insistendo per averlo quel giorno a pranzo a tutti costi. Appena seduti a tavola, dopo averlo presentato a suo marito e ai suoi figli, mentre ognuno era intento ad adoprarsi davanti al proprio piatto di spaghetti, Nicola prese a parlare.

- *Sono felice di vederti sistemata Linda, purtroppo*

non ho avuto modo di incontrare Gianni e Turi,
poiché sia l'uno che l'altro non sono reperibili in
città, avrei voluto tanto riabbracciarli, anzi sai che ti
dico!? Quando li vedrai fallo tu per me!

Linda scrolla lentamente la testa mentre un accenno
al sorriso le delinea appena il viso.

- *Vedi Nicola, qui non è come allora quando vivevano*
tra quelle quattro cassette, adesso ognuno di noi vive
in città e difficilmente ci si incontra.

L'immediata risposta di Nicola assume quasi un tono
di rimprovero.

- *Mi rendo conto! Ma questo avviene sopratutto*
quando non ci si cerca!

Riprendendo Linda.

- *Non si ha tempo! Il ritmo della vita in città crea in*
ognuno di noi una frenesia che ci coinvolge in
tutt'altra attività, qui è una corsa continua che ci
spinge verso il raggiungimento di un sempre maggior
benessere. – Proseguendo - *Guarda me per esempio!*

Dal momento in cui ogni dì apro gli occhi debbo preoccuparmi di controllare le tre lavanderie che ho aperto, debbo seguire il personale e l'andamento degli affari, non posso rischiare di trascurare le mie attività, e suppongo i miei stessi problemi li avranno Gianni, Turi, Nino... ... ... non si ha tempo per incontrarsi, ognuno di noi e troppo indaffarato.

La interrompe Nicola.

- Basta! non dirmi altro, credo di aver capito tutto! adesso scusami si è fatto tardi ed ancora non ho avuto modo di rintracciare Nino.

Alzandosi dal tavolo nell'intento di accomiatarsi.

- Ma come?! non hai ancora finito di pranzare!.

- Ti ringrazio Linda, ma ho poco tempo e per questa sera dovrei tornare nella mia casetta.

Incuriosita Linda ... ...

- Ma come va per te! hai bisogno di soldi?! Vivi sempre in quel posto sperduto?

Nicola sorvola alla domanda di Linda, ma poi nel

142

momento di andare via mentre un sorriso illumina il suo volto.

- Cara Linda ... ... ti prego per una volta in nome della nostra vecchia amicizia trova Gianni e Turi e salutali per me, in quanto a me sarei un egoista se accettassi dei soldi da te, come potrei togliere ricchezza a qualcuno quando so di averne io molta di più?!

Prontamente Linda

- Cosa vuoi dire?!

- Soltanto questo: Siete partiti in cerca di fortuna e felicità non rendendovi conto di quanta ricchezza avete lasciato nella contrada che vi ha visti nascere, io sono stato fortunato a scoprirla.

Queste furono le ultime parole che Nicola pronunciò prima di chiudere la porta alle sue spalle, lasciando perplessa e pensierosa Linda che tra se e se quasi mormorando ... ...

- "Cosa avrà voluto dire, avrà trovato un tesoro?!

magari tanto oro e pietre preziose? ma si sicuramente deve essere così ... ... cosa nasconde..."

Intanto Nicola si dirigeva verso l'ultimo indirizzo quello di Nino detto Crozza (questo soprannome gli era stato attribuito per una questione puramente estetica, poiché la forma della sua testa assomigliava moltissimo a quella di un teschio).

In fondo alla strada che Nicola aveva imboccata si evidenziava una casetta isolata, recintata con della staccionata in legno. Dopo aver ripetutamente suonato al campanello posto all'ingresso di un cancelletto, Nicola stava in attesa che qualcuno rispondesse alla sua chiamata, quando un uomo già avanti negli anni, claudicante accompagnandosi con l'ausilio di due stampelle gli andò incontro.

L'altezza e il portamento un po' curvo sulla schiena non poterono che confermargli che si trattava di Nino Crozza.

- *Nino! come va non mi riconosci? Ma cosa ti è*

successo! Come mai ti trascini con le stampelle?

L'uomo dopo averlo osservato con attenzione.

- Ma si! tu sei Nicola! come mai qui dopo tanti anni!
dove eri andato a finire?

- Io sono rimasto sempre lì dove molti anni fà mi
avete lasciato, non mi sono mai spostato dalla terra
che mi ha dato i natali, ma tu piuttosto parlami di te.

Mentre Nicola faceva queste domande la porta
d'ingresso della casetta si aprì, una signora ancora
giovane di età ma nel viso molto provata dalla
sofferenza, guardava incuriosita i due amici che
colloquiavano tra loro.

La presenza della donna destò l'attenzione anche di
Nino... ...

- Vedi quella è la donna che vive con me vieni che te
la presento. - Invitandolo dopo aver aperto il cancello
a farsi avanti e rivolgendosi alla sua donna - *Questo è*
un mio amico, con lui ho vissuto i miei anni
d'infanzia si chiama Nicola! - Poi rivolgendosi a

Nicola. - *Questa è Maria la donna con la quale assieme alla sua piccola figlia convivo da anni!*

Dopo averla osservata con attenzione a Nicola apparve chiaro che degli occhi della donna trapelava tanta tristezza.

- *Piacere di conoscerla!* - Porgendo la mano.

Quasi a volere interrompere un silenzio imbarazzante che si era creato, Nino rivolgendosi a Nicola - *Ma come hai potuto restare in quel posto abbandonato lontano dal mondo? Ti rendi conto di quanta ricchezza e benessere e felicità esiste al di là del tugurio dove tu abiti???!*

Gli anni trascorsi non avevano maturato per niente Nino Crozza, il quale adesso si preoccupava soltanto di apparire, soddisfacendo la propria vanità, infatti era tutto preso a sbalordire l'amico Nicola, ora mettendo in continua evidenza le mani adornate di innumerevoli anelli, ora mostrando la propria berlina nera tirata a lucido.

Poi alla fine tirò le conclusioni così ... ...

- *Povero Nicola! ti rendi conto a quanto hai rinunciato restando in quella misera contrada!?*

Il sorriso che spontaneo si stampa sul volto di Nicola è a dir poco disarmante.

- *Amico mio! guarda che io non ho rinunciato a nulla! l'oro che tu mostri pavoneggiandoti e la tua macchina per la quale ne hai fatto l'unico scopo della vita, sono una infinitesima parte di ciò che io posseggo, poiché restando in quel posto che tu definisci un tugurio dimenticato dal mondo io vi ho trovato un tesoro la cui ricchezza è inestimabile, sono contento di averti rivisto anche se purtroppo non ti vedo abbastanza ricco di felicità come me, vorrei tanto poterti aiutare ma non mi è possibile dal momento che in te ritrovo lo stupido vanitoso che eri già da ragazzo, purtroppo gli anni non ti hanno aiutato a maturare, resti sempre "Nino Crozza"* - Poi rivolgendosi alla donna - *Mi fa piacere averla conosciuta signora! mi creda ! la capisco! la sua tristezza la si legge negli occhi! non è facile rinnegare una scelta in una società pronta a condannare, anche se ogni parte del proprio essere vorrebbe ribellarsi e tornare indietro nel tempo, sopratutto quando ci si rende conto di aver sbagliato tutto. - In quanto a te Nino, adesso debbo salutarti oggi ho lasciato il mio tesoro incustodito per un giorno intero, adesso mi rendo conto che non ne valeva la pena.*

Dopo essersi accomiatato dai due, Nicola frettolosamente volge le spalle con l'intento di far ritorno alla propria dimora.

Il sole è già tramontato da un bel po', quando raggiunge la sua contrada, dopo aver sistemato gli animali e dato acqua alle piante si sdraia sul suo letto e pensando ai suoi amici di allora una considerazione gli viene spontanea.

- "Come hanno potuto rinunciare a tanta pace e

serenità in cambio di aria inquinata e caos assordante".

Nei giorni a venire Nicola riprese la sua normale attività curando le sue piante ed accudendo al pollaio, tutto sembrava come prima, ma una mattina avvenne qualcosa che cambiò radicalmente la contrada.

Le parole dette da Nicola durante la sua visita in città «ho trovato un tesoro inestimabile», vennero interpretate male, la diceria di bocca in bocca andò via via trasformandosi ed ingigantendosi a tal punto da far si che moltissime persone si trasferirono dalla città con la convinzione che a Massa S. Nicola avrebbero trovato il tesoro e tanta ricchezza.

I primi giorni furono giorni d'inferno Nicola veniva pedinato, un pò da tutti convinti che in tal modo prima o poi li avrebbe portati al tesoro. Ma il tempo è il miglior medico per ogni tipo di ferita o fissazione, infatti, settimana dopo settimana la gente stanca si rassegnava arrivando alla conclusione che si era lasciata coinvolgere da dicerie e delusa se ne tornava in città.

Poche famiglie erano rimaste, e sono quelle che tuttora abitano la contrada.

Pochi attimi di silenzio seguirono al racconto, poi con i suoi occhi arzilli il vecchietto mi guardò concludendo.

- *So cosa ti stai chiedendo! Ti starai domandando se coloro che sono rimasti lo hanno fatto perché hanno trovato il tesoro; forse in parte il motivo è proprio questo, poiché gli abitanti che adesso vedi sono felici per essere riusciti a scoprire una grande verità che vale cento tesori.*

Spontaneamente

- *Cioè?!*

Gli occhi del vecchietto si illuminano di luce propria e sorridendo... ... ...

- *Vedi parecchi sostengono che i soldi procurano la felicità ma credimi è falso, poiché non basta* raggiungere un obbiettivo se non si è in grado di goderne appieno dello stesso, chiunque vive in questa piccola contrada è convinto di vivere in un mondo magico, ma non è così!

Certamente il posto lontano dello smog ed dall'inquinamento della città dà una carica di energia che fisicamente fa stare meglio ma il merito di questa contrada non sta soltanto in questo, ma sopratutto nel fatto che in questa pace e serenità ogni essere umano è riuscito inconsapevolmente a tirar fuori la grande magia che sta in fondo all'animo di ognuno di noi che è fatta di amore verso il prossimo, generosità, bontà, altruismo, e tutte altri doti positive che costituiscono la grande ricchezza dell'animo, questo è il grande tesoro!

In ognuna di queste doti sta nascosta la felicità, inconsapevolmente i pochi abitanti che vivono in questa contrada l'hanno scoperta. Di questi valori, sopratutto hanno imparato come assaporarne a pieno *tutta l'essenza, nutrendo in tal modo l'anima che purtroppo per il caos, l'egoismo, l'arrivismo, la corsa all'arricchimento e al potere il più delle volte viene soffocata e relegata ad un ruolo cosi marginale che spesso porta parte dell'umanità a disconoscerne l'esistenza.*

Le parole di quel vecchio trapelavano grande saggezza, adesso mi era tutto chiaro, mi aveva aiutato a scoprire il tesoro di Massa S. Nicola, ma sopratutto con il suo racconto ne aveva donato a me una parte, che purtroppo la routine quotidiana cui la vita mi sottoponeva aveva rischiato di farmela perdere.

Le rondini sfrecciavano nel cielo mentre di lì a poco tramontando il sole si sarebbe fatto notte.

Allungai la mano al vecchio nell'atto di accomiatarmi e stringendo la sua ... .

- E stato un piacere conoscerla mi ha aiutato a risolvere il mistero del tesoro di Massa S. Nicola, la ringrazio tanto! Potrei conoscere il suo nome!?

Il suo sguardo intenso fu apparentemente la sua sola risposta, avevo fatto pochi passi nell'intento di andare via, quando la sua voce alle mie spalle ... ...

- *Il mio nome è Nicola!!*

Una leggenda del Mare

In un tempo lontano, in un regno imprecisato vivevano e governavano un principe e una principessa.

Fratello e sorella ambedue ambiziosi si contendevano le sorti del regno cui per diritto regale erano destinati.

Il principe Dario era un giovane arrogante che del potere temporaneo cui si era appropriato, ne faceva un'arma atta a soddisfare ogni suo desiderio non badando a nulla pur di realizzare ogni suo capriccio.

La principessa Ada sua sorella non meno ambiziosa non si creava scrupoli, pur di ottenere ciò che desiderava.

In quel periodo nel regno governato dai due, viveva una giovane coppia di ragazzi Sirea e Triton.

I due erano perdutamente innamorati, l'uno dell'altro, il loro amore così intenso e pieno di devozione non passava inosservato tra gli abitanti del regno. Ogni coppia aveva i due come punto di riferimento, un esempio per ognuno, che in loro vedeva l'espressione dell'amore in tutte le innumerevoli manifestazioni.

Il giovane Triton faceva il pescatore e del mare ne aveva fatto la sua seconda casa, infatti, anche quando non era dedito alla pesca, spesso con la sua barca in compagnia della sua Sirea si inoltrava verso il largo, dove dedicava il suo tempo libero ai delfini suoi amici, tra questi mammiferi e i due giovani si erano instaurati dei rapporti cosi intensi che permettevano ad entrambi di farsi capire ed essere in perfetta simbiosi. Ogni ragazzo ed ogni ragazza del regno non facevano che parlare gli uni della bellezza di Sirea le altre del fascino di Triton, in poche parole la bellezza e l'amore che li legava era diventato il punto di riferimento per ogni coppia. Le voci non prive di ammirazione per i due, giunsero persino alle orecchie dei due principi che incuriositi mandarono le guardie a prelevarli per poter aver modo di conoscerli di persona. Quando i due giovani furono al cospetto dei principi sia la bellezza di Sirea con i suoi lunghi capelli neri che scivolavano sulle spalle e i suoi grandi occhi azzurri, di un azzurro così intenso da rasentare il blu del mare, sia il fisico possente quasi perfetto in ogni dettaglio di Triton quasi fosse stato modellato da uno scultore, suscitarono nei due regnanti grande impressione ed ammirazione per cui dopo essersi guardati negli occhi come volessero trasmettersi un pensiero che li trovava in perfetta sintonia, il principe rivolgendosi a Triton prese a parlare:

- *Cosa ti ha spinto a poter pensare che una creatura così perfetta e bella ... ...* - Indicando Sirea. - *Possa essere la donna di un misero pescatore come te, ti rendi conto che la sua bellezza e le sue grazie sono doni che soltanto un regnante può apprezzare? E mai possibile che l'arroganza di poter avere tanto ti dia tanta forza? ... ...*

Triton non lascia che il principe continui e

interrompendolo.

- *No! non è arroganza mio principe che mi da tale forza... ... ... E' l'amore! ... ... l'amore che sentiamo l'un per l'altra da sempre.*

La reazione del principe Dario a quelle parole è violenta.

- *Stupido ignorante! ti fai forte di un sentimento che non conosci, non sai nemmeno cosa vuol dire! Con l'autorità che mi è data non permetterò mai di far sì che una creatura così perfetta degna soltanto di un principe possa diventare tua moglie e poi ... ... -* Proseguendo - *Tu parli d'amore ebbene proprio su questa parola che con tanta facilità tu pronunci io ti sfido lanciandoti una mia proposta.*

Triton per nulla intimorito

- *Per amore di Sirea accetto qualunque sfida principe Dario.*

Dario sorridendo compiaciuto... ... ...

- *Se è vero che per amore si può superare qualunque*

ostacolo, questa è la mia condizione: ho sentito dire che sei un bravo pescatore, ebbene! Il giorno in cui riuscirai a farmi sentire tra le mani il rumore dell'infrangersi delle onde del mare e riuscirai a saltare di onda in onda cavalcando sulle stesse, solo allora potrai aspirare alla mano di Sirea, altrimenti la stessa diventerà mia moglie e quindi la regina di metà del regno, poiché l'altra metà appartiene a mia sorella. - Poi rivolgendosi alla stessa - *Spero che anche tu o sorellina sia concorde a quanto ho deciso.*

La principessa Ada abbassa il capo in segno di assenso, poi prende a parlare ....

- *Si! caro fratello la tua decisione non ostacola i miei piani, poiché anch'io ho un obbiettivo da raggiungere... ... ...* - Rivolgendosi a Sirea - *Cara ragazza! per quanto tu possa essere bella non credo che tale virtù sia abbastanza da poterti permettere di avere accanto un giovane così potente e affascinante come Triton, la sua figura sembra sia stata modellata con uno scopo ben preciso, ... in lui vedo l'uomo degno di stare al mio fianco, per aiutarmi alla conduzione di quella metà di regno che mi spetta di diritto.*

So già che se ti chiedessi quali sono i tuoi sentimenti nei suoi confronti ti schiereresti dietro la parola "Amore" per cui anch'io come ha fatto mio fratello con Triton, voglio darti una alternativa e ti lancio una sfida.

Con voce tremante quasi soffocata da un nodo Sirea risponde:

- Qualunque sia la tua condizione in nome dell'amore per Triton io l'accetto.

Con un lento movimento del braccio accompagnato da un sorriso diabolico la principessa Ada prende una piccola anfora di cristallo e porgendola a Sirea

- Raccogli in quest'anfora le tue lacrime d'amore che non ti risparmierai di versare dal momento che fin da adesso dovrai rassegnarti a rinunciare al tuo Triton,

162

poiché il suo destino sarà quello di regnare al mio fianco. Solo in un caso potrò revocare la mia decisione, soltanto qualora le tue lacrime che rappresenteranno il contenuto dell'anfora che ti ho dato, gettate per una notte in fondo al mare e ripescate il giorno dopo, si saranno tramutate in bianche perle. - Proseguendo con ironia - *Non dovrebbe essere impossibile dal momento che e diceria comune che "L'amore fa miracoli"*

Il principe Dario prima di accomiatare i due innamorati concluse:

- *Siete liberi di andare vi saranno concessi cinque giorni da oggi al sesto giorno ci troveremo insieme sulla riva del mare. Se in quell'occasione non sarete riusciti a portare a termine quanto richiesto io e mia sorella saremmo felici di prenderci cura di ognuno di voi.*

- *Cosa vuoi dire principe Dario?!* - Lo interrompe Triton -

- *Semplice! vuol dire che io prenderò con me la tua Sirea, mentre mia sorella si prenderà cura di te!* - Poi senza dar modo a Triton di replicare, facendo segno al capo delle guardie. - *Il nostro colloquio è finito che siamo condotti fuori dal castello!*

Nei giorni che seguirono a quell'incontro i due giovani cercarono conforto e aiuto nei delfini fermamente convinti che i loro amici non li avrebbero abbandonati. Infatti, forti dell'appoggio degli amici delfini al sesto giorno Sirea e Triton si presentarono puntuali sulla riva del mare. Passarono pochi minuti quando giunsero scortati dalla guardia reale, il principe Dario e la principessa Ada. Il giovane Triton andò incontro al principe inchinandosi al suo cospetto dopo pochi attimi di silenzio... ... ...

- *Ebbene ! caro Triton vedo che non hai disertato l'appuntamento! Adesso è giunto il momento che tu dimostri i risultati di quanto ti è stato richiesto!*

Triton che tiene in mano una grossa conchiglia di

chiocciola marina,   porge la stessa al principe aggiungendo.

- *Mio principe adesso se avvicini all'orecchio la conchiglia che hai tra le mani potrai sentire il frangersi delle onde marine... ... ... Come vedi mi avevi chiesto "di poter sentire il frangersi delle onde tra le tue mani" adesso constaterai che il tuo desiderio è stato esaudito!*

Il principe Dario avvicina la grossa conchiglia all'orecchio e con stupore non può che arrendersi all'evidenza.

- *Bene! adesso voglio proprio vedere come riuscirai a saltare di onda in onda cavalcando le stesse!*

Con la massima calma Triton si avvia lentamente alla battigia del mare mentre emette un fischio lunghissimo. Bastano pochi secondi quando un enorme delfino si avvicina a pochi metri da lui.

Il giovane lentamente si inoltra in acqua e dopo aver accarezzato il delfino gli monta sulla schiena aggrappandosi saldamente alle due piccole pinne laterali.

Nel vedere questa scena il principe resta stupefatto ma la sua meraviglia giunge al limite, quando vede il delfino con il suo cavaliere in groppa, saltare di onda in onda effettuando grandi acrobazie.

Triton aveva superato le prove che il principe aveva frapposto al suo futuro con Sirea, adesso preso da tanta gioia stava per avvicinarsi alla sua Sirea per abbracciarla quando la principessa Ada ... ...

- *Calmati giovane Triton! ti voglio ricordare che anche la tua compagna ha una prova da superare per poter riscattare il tuo amore!*

Poi rivolgendosi a Sirea.

- *Tu! hai portato l'anfora che ti avevo affidata?!*

La ragazza porge l'anfora colma delle proprie lacrime alla principessa Ada che sorridendo compiaciuta, rivolgendosi al capo delle sue guardie.

- *Bene ! bene! che quest'anfora sia calata in fondo al*

mare e vi resti per una notte intera, domani quando sarà ritirata dove adesso vedo lacrime, dovranno esserci perle, queste erano le mie condizioni! - Poi rivolgendosi a Triton e Sirea - *Adesso andate, ci ritroveremo qui domani al sorgere del sole!*

Quella notte decine e decine di delfini si dettero da fare raccogliendo dalle ostriche un centinaio di perle che si prodigarono ad introdurre nell'anfora, fin quando la stessa non fu colma.

Il giorno dopo quando la principessa fece ritirare l'anfora il suo stupore fu grande nel vederla colma di bianche perle.

Il sorriso che in quell'attimo illuminò il volto di Sirea e Triton che finalmente, per aver superato tutte le prove, si sentivano liberi, non tardò a spegnersi, quando udirono il principe Dario.

- *Tutto questo non è servito a nulla! Io con l'autorità che mi ritrovo annullo ogni accordo precedente, adesso decido di non tergiversare più su ciò che mi appartiene di diritto. Tutto ciò che si trova dentro i confini del mio regno mi appartiene, a questa regola non fai certamente eccezione ne tu ne Sirea!* - Poi rivolgendosi al capitano delle guardie. - *Capitano! vi ordino di condurre Sirea nei miei appartamenti e richiudere Triton nella torre.*

La reazione della ragazza a quelle parole fu immediata, prima che il capo delle guardie riuscisse a immobilizzarla, istintivamente corse verso il mare e tuffandosi gridò a Dario.

- *Non sarò mai vostra!*

Ogni tentativo di inseguirla risultò vano, sopratutto quando con meraviglia di tutti videro Sirea aggrappata alle pinne di un delfino scomparire verso il largo.

Purtroppo Triton non ebbe la stessa fortuna, immobilizzato venne condotto nella prigione della torre.

L'inseguimento e le successive ricerche che il

principe fece fare alle sue imbarcazioni risultarono vane, ma anche per la povera Sirea le cose non andarono certo bene, infatti la ragazza da troppo tempo in acqua cominciava a sentire freddo mentre lentamente le forze l'abbandonavano.

Ormai allo stremo prima di chiudere per sempre gli occhi, facendosi forza rivolse un'implorazione a Re Nettuno.

- *O re di tutti gli abissi! ascoltami! ti prego non lasciarmi morire ma accoglimi nel tuo regno ed io ti prometto che ripudierò per sempre la terra dalla quale ho avuto soltanto delusioni e amarezze!*

L'accorata richiesta non lasciò insensibile Re Nettuno il quale colpito e commosso per le vicissitudini accadute alla ragazza decise di trasformarla dandogli per metà le sembianze caratteristiche dei pesci così la stessa avrebbe avuto la possibilità di integrarsi nell'ambiente marino. Da quel momento era nata la prima sirena, ma non fu soltanto quello il dono che re

Nettuno fece a Sirea poiché alla stessa in concomitanza fu donata, una voce al cui canto nessuno che non fosse puro di cuore era concesso resistere senza rischiare di perdere il senno.

La scomparsa di Sirea non passò inosservata e, dopo pochi giorni, tutti gli abitanti del regno furono a conoscenza dell'accaduto e quindi delle angherie e dei torti che i due regnanti avevano fatto alla giovane coppia.

Tutti gli innamorati del regno avevano perso con la scomparsa di Sirea il loro punto di riferimento, i due giovani e malvagi regnanti avevano con il loro atteggiamento prepotente e arrogante, ucciso l'amore. Adesso da ogni parte del regno giovani coppie partivano per dirigersi in segno di protesta sotto la torre dove era rinchiuso Triton chiedendo la liberazione dello stesso.

Per nulla intimoriti in quanto ben protetti dalle guardie, sia la principessa Ada che il fratello Dario emisero un editto che fu infisso in ogni parte del regno, dove veniva fissata la data per l'esecuzione capitale del giovane Triton, reo di aver rifiutato di prendere in sposa la principessa Ada.

Inutili furono le proteste dei giovani e le ribellioni prontamente sedate con inaudita violenza dalle guardie, la decisione presa dai due principi malvagi era irrevocabile: "Triton doveva morire".

La notizia non poteva non giungere a Sirea che amareggiata ed in preda a tanta disperazione fece una supplica a Re Nettuno:

- *Mio re che mi hai salvata da morte certa e mi hai dato la possibilità di integrarmi nel tuo regno marino, ti prego! dimmi cosa posso fare, per salvare Triton tu sai quanto sia stato grande il nostro amore, e quanto noi eravamo felici, prima che i due malvagi principi ci separassero.*

La risposta di Re Nettuno non si fece attendere.

- *Sirea! Con la trasformazione che ho operato su di te*

ti ho fornito anche un potere a cui nessun malvagio può resistere, il potere del tuo canto, sfruttalo! Il giorno in cui verrà eseguita la condanna di Triton, vai e dalla riva del mare fai sentire la tua voce, vedrai che il tuo canto sortirà negli uomini effetti diversi, poiché per i buoni sarà un inno alla vita, alla felicità, all'amore, per i malvagi sarà un canto di morte.

Il giorno dell'esecuzione, Sirea attenendosi ai suggerimenti di Re Nettuno, cantò è lo fece con tutta l'energia che possedeva.

I risultati che ne scaturirono furono sorprendenti, infatti, tutti i malvagi che si trovavano nel regno compresi il principe Dario e la principessa Ada si addormentarono per non svegliarsi più, e Triton fu libero. Nei giorni che seguirono il giovane con la sua barca trascorreva il suo tempo in mare aperto insieme alla sua Sirea, ma tanta devozione e tanto amore non lasciarono insensibile Re Nettuno che operò anche su

Triton un miracolo trasformandolo in tritone, adesso i due potevano vivere amandosi tranquillamente nelle profondità marine, dando così origine al leggendario popolo delle Sirene e dei Tritoni.

Indice